AF257271

CINQUIÈME LISTE

DE

BLESSÉS FRANÇAIS

RECUEILLIS PAR LES TROUPES ALLEMANDES

PUBLIÉE PAR LE

COMITÉ INTERNATIONAL DE GENÈVE

Se vend au profit de l'œuvre des secours aux blessés

CHEZ GEORG, LIBRAIRE

BALE & GENÈVE

30 JANVIER 1871

CINQUIÈME LISTE

DE

BLESSÉS FRANÇAIS

RECUEILLIS PAR LES TROUPES ALLEMANDES

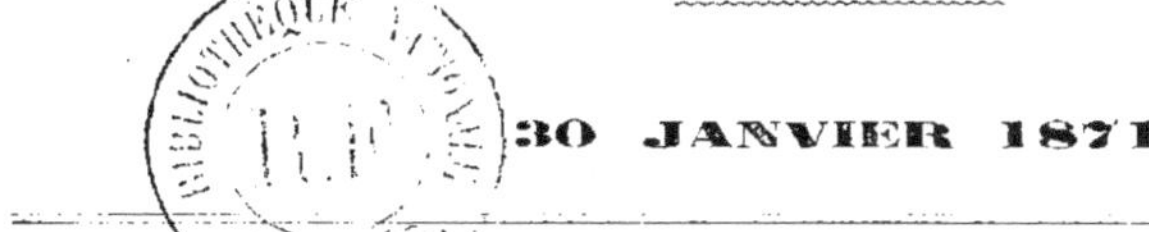

30 JANVIER 1871

Observations. — Les noms en italique indiquent le lieu de résidence des blessés, au sujet desquels on devra consulter aussi les notes géographiques placées à la fin de la présente liste.

Les décès survenus depuis la publication, de la 4ᵐᵉ Liste font l'objet de la seconde partie de la présente Liste.

Annirepoque, Jean, garde mobile, fièvre. Guéri et évacué sur *Lingen*.

Auget, Jos., Nancy, 14e ligne, 2e b., 2e c. *Maison mère des sœurs de Charité, Trèves.*

Aubaillé, Antoine, 47e ligne, 2e b., 2e c. *Hôpital d'Etapes, St-Mihiel.*

Arnaud, Jean, 1er artill., 7e batt. *Hôpital St-Anne, Lübeck.*

Alibenton, 3e zouaves. *Hôpital, Francfort-sur-le-Mein,* évacué sur *Leipzig.*

Anriani, Max., Valle-d'Alesani, 67e ligne. *Ecole de tir, Hamm.*

Alizon, Louis, Tour (Oise), 94e ligne. *Hôpital de réserve, Hamm.*

Alberto, Louis, Jouars s/Chatillon (Deux-Sèvres). 1er ligne. *Hôpital de réserve, Hamm.*

Amer-ben-Slimen, Algérie, 1er turcos, catarrhe. Guéri au dépôt des prisonniers, *Minden.*

Allain, Denis, Fontenay, 45e ligne, 3e b., 4e c.. *Hôpital de réserve, Osnabrück.*

Alain, Yves, (Côtes-du-Nord), 65e ligne, 3e b., 4e c. Guéri et évacué sur *Lingen.*

Anglais, Aimable, Puizelès, 10e artill., 10e batt., fièvre. *Hôpital de réserve de la Loge, Altenbourg.*

André, Célestin, 15e ligne. *Hôpital militaire, Berlin.*

Acard, Eugène, 65e ligne,   do

Arnoux, Alfred, Aubreville, 26e ligne, coup de feu à la cuisse. *Ambulance 4, Heidelberg.* (Guéri.)

Amalric, David, Mazamet, 93e ligne, blessé. *Hôpital de réserve, Francfort a/O.*

Andrea, Désiré, Guipavas, 59e ligne, blessé.   do

Auryet, Ant., Villefranche, 46e ligne, 3e b., 4e c., blessé. Evacué comme prisonnier de guerre, *Lingen.*

André, Charles, St-Léger-s/D. (Saône-et-Loire), train d'artill. de la garde, 5e batt., typhus. *Hôpital de réserve, Leipzig.*

Arzel, Jean-Marie, Ploudet (Finistère), 59e ligne. Guéri, en *Caserne, Leipzig.*

Augendre, Jean-François, Aiquizon, 26e ligne, pneumonie. *Hôpital de réserve, Cottbus.*

Algre, Fortuné, Roquevaris, 4e chass., 5e c., scorbut. *Hôpital de réserve, Lissa.*

Amet, Jean, Vagney (Vosges), 90e ligne, caporal. *Hôpital de réserve, Schneidemühl.*

Albouy, Jacques, Revel (H.-Gar.), 1er génie, 12e c.   do

Alouis, André, Salazar, 94e ligne, sapeur. *Hôpital de réserve, Neuwied.*

Archenis, Henri, Villars, 2e dragons   do

Anglu, Baptiste, Aranville, 13e ligne.   do

André, Florentin, Crusmer-le-Grand, 2e grenadiers de la garde. *Hopital de réserve, Neuwied.*

Albertini, Fabius, Piedipartino, 3e voltigeurs de la garde. *Hopital de réserve, Neuwied.*

Arrivets, Joseph, 67e ligne, 2e b., 3e c., sergent, coup de feu à la cuisse gauche. Le 15 Novembre renvoyé dans ses foyers.

Audibert, Victorien, 99e ligue, tambour. Guéri et évacué sur *Wittenberg.*

Albertini, Joël, 25e ligne, sapeur.   dº

Audin, Jean, 34e ligne.   dª

Arsonnet, Jean, Saintes, 67e ligne, coup de feu à l'épaule droite. *Hôpital militaire, Forbach.*

Albert, Claude, 98e ligne, 3e b., 3e c. *Hopital de réserve, Bromberg.*

Acquardt, Charles, 65e ligne, 1er b., 4e c.   do

Anoin, Armand, 26e ligne, 2e b., 2e c.   do

Auclaire, Pierre, 65e ligne, 2e b., 3e c., rhumatismes. *Hopital de réserve, Bromberg.*

Andrieux, Casimir, 55e ligne, 2e b., 6e c.   do

Aucouturier, Gilbert, (Allier), 58e ligne, 3e b., 5e c. Evacué, guéri, sur le dépôt de *Lingen.*

Barrel, Flaurent, 40e ligne, fièvre gastrique. Guéri et évacué sur *Lingen.*

Bage, Charles, 40e ligne, rhumatismes.   do

Bittenfeld, Adam (Moselle), 1er artill., 9e batt. *Hopital, maison St-Borromée, Trèves.*

Burlet, Jean-Pierre, Lesnan (Jura), 70e ligne, 1er b. 5e c.   do

Bonneau, Pierre-Victor, Valius (Sarthe), 62e ligne, 3e b., 1e c.   do

Bonnemaison, Bertrand, Toulouse, 1er chass. à p., 1e c. *Hopital militaire. Trèves.*

Bourse, Alphonse, Bancou (Somme), 29e ligne, 2e b., 6e c. *Hopital, maison St-Borromée, Trèves.*

Barre, Eugène, Millau (Aveyron). 3e chass. d'Afr., 2e esc.   do

Bordes, Lucien, Arcubatin (Hautes-Pyr), 80e ligne.   do

Baillieu, Théophile, Cambray, 44e ligne.   do

Buzelin, Clément, Belleville (Seine), 70e ligne.   do

Boisaire, 8e chass. Guéri et évacué sur *Minden.*

Beaudon, garde mobile, catarrhe. Guéri et évacué sur *Minden.*

Ben Audo ben Abed, 1er turcos, rhumatisme. Guéri et évacué sur *Lingen.*

Baujaud, Antoine, 65e ligne, 3e b., 2e c. *Ambulance d'Etapes, St-Mihiel.*

Beynon, A., 91e ligne. *Hôpital St-Anne, Lubeck.*

Bessaguette, Victor, Asessant, 81e ligne, fièvre. *Hopital de réserve, Landsberg.*

Bérard, Alfred, 91e ligne, officier. Guéri, en logement privé, *Landsberg-a./W.*

Broyard, Adolphe, Herny (Moselle), 6e ligne. 2e b., caporal. *Maison mère de St-Borromée, Trèves.*

Batault, Arth., garde-mobile, lieutenant. *7e ambulance du 6e corps, Villeneuve, St-Georges.*

Bouch, Antoine, 42e ligne.   do

Bourette, Eugène, 93e ligne.   do

Billard, Théoph., 46e ligne. *Ambulance, St-Mihiel.*

Braud, Franç., 86e ligne.   do

Barot, Jean, 61e ligne.   do

Baton, 11e ligne. Evacué de Francfort sur *Leipzig.*

Blaud, Pierre, 13e chass. à p., 2e c. Evacué de Leipzig sur *Dresden.*

Blondin, Alfred, Paris, 34e ligne, sergent, coup de feu aux pieds. *Asile Eulalie, Châlons-s./M.*

Baron, François, Estenos (Haute-Gar.), 1er ligne, 2e b., sergent, bronchite.   do

Bayard, Jean-Félix, Chaisenon, 8e artill., 12e batt., amputé de la jambe gauche. Guéri, *Nancy.*

Bourbon, Louis, 94e ligne, 4e c. *1re ambulance du 7e corps, Ennery.*

Brun, Stanislas, 70e ligne.   do

Buillons, Vincent, 1er artill.   do

Bertrand, Louis, Courivaud (Nord), 78e ligne. *Hopital de réserve, Hamm.*

Bergeru, Cyprien, Toulouse, 72e ligne.   do

Bertey, Sébastien, St-Maudry (Nord), 82e ligne.   dº

Bonneau, Georges, Nantes, 36e ligne.   do

Boussière, Jean, Bartol (Puy-de-Dôme), 36e ligne.   do

Bouvard, Marie, Blausain (Haute-Loire), 36e ligne.   do

Boutureau, Léon, Montaigne, 81e ligne, clairon, *Hôpital de réserve, Hamm*

Berton, Marie, St-Quentin, 85e ligne.   do

Bouhebent, Pierre, 69e ligne.   do

Belin, Dominique, Voudon (Seine-et-Oise), 4e ligne.   do

Boissien, Jos., Largentière, 10e ligne.   do

Balaisse, Charles, Samprost (Meuse), 73e ligne.   do

Baulé, Pierre, 73e ligne.   do

Boucher, Paul, Depaud (Calvados), 93e ligne.   do

Bonhour, L.-Pierre, Juvigné (Mayenne), 54e ligne.   do

Blanc, Jul., 1er ligne, sergent, coup de feu au bras droit. *3e ambulance du 3e corps,* **Doncourt.**

Bouquet, Amand, 26e ligne, coup de feu à la jambe droite.   do

Benoit, Casimir, 28e ligne,   do   do

Blanc, Jules, 73e ligne, coup de feu à la cuisse droite.   do

Branhardt, Joseph, 73e ligne coup de feu à la cuisse droite.   do

Besassier, Jules-Alex., (Rhône), 22e ligne, 2e b., 4e c., fièvre intermitt. *Hôp. de réserve,* **Osnabrück**

Borchat, Charles, St-Brieuc, 91e ligne, 4e b., 4e c. Au dépôt des prisonniers de guerre, **Lingen.**

Ben-Mohamed-Hamet, Algérie, 4e turcos, sergent.   do

Ben Ali, Constantine, 3e turcos.   do

Bouge, Léon, Marseille, 94e ligne, 2e b., 5e c., ophthalmie.   do

Bonnet, Jacq.-Louis, Brenoy (Seine-et-Oise), 12e ligne, 3e b., 3e c., sergent, blessé. Évacué sur **Minden.**

Belaize, Aug., (Tarn), 22e ligne, 1er b., 2e c. Au dépôt des prisonniers de guerre, **Lingen.**

Bussod, Joseph. Bouchouf. *Hopital,* **Neunkirchen.**

Billard, Claude, Paris, 34e ligne, 3e b. 6e c., *Hôpital de réserve, loge maçonnique,* **Altenbourg.**

Batrie, Jean, Saumont, 2e artill., surdité.   do

Boudet, Jean, Franenberg, 5e ligne, fièvre gastrique.   do

Bernard, Eugène, St-Georges, 3e zouaves, coup de feu au bras droit. *Hôpital de réserve,* **Weimar.**

Blanpain, Charles-Alph., Delme, 1er génie. *Hôpital de réserve,* **Siegbourg.**

Briais, Georges-Jules, Seine et-Marne, état-major capitaine. *8e ambulance du 13e corps,* **Siegbourg.**

Bressmann, Aug.-Louis, ?. *Hôpital de Crefeld* évacué sur **Bonn.**

Blondel, Léon, 26e ligne. *Hôpital militaire,* **Berlin.**

Bolger, Ch., 64e ligne.   do

Brunet, Léon-Eug., 1er artill.   do

Barigan, Joseph, 13e ligne.   do

Boulongne, 64e ligne.   do

Bouci, Pierre, 2e train.   do

Baldi, Jean, 50e ligne, 1er b. 5e c., coup de feu au bras. *4e Ambulance,* **Heidelberg.**

Brocard, Jean, Bellencuve, 73e ligne, capitaine, blessé au front. *4e Ambulance,* **Heidelberg.**

Barbier, François, Ste-Marie-Laumont, 57e ligne, coup de feu à la jambe g. *4e Ambul.,* **Heidelberg.**

Balaguerie, Paul-Oscar, Cahors, garde mobile du Rhône, lieutenant, scorbut. *Hopital de réserve 2,* **Leipzig.**

Brahim-Mahomed, Bordja, 2e turcos. *Hôpital de réserve 2,* **Leipzig.**

Bournez, François, Grand-Combe, 11e ligne blessé au pied. *Hopital de réserve,* **Francfort a/O.**

Barchery, Anatole, 81e ligne, caporal, coup de feu à la main gauche.   do

Busmey, Claude, Nisencourt, 97e ligne, sergent, **coup** de feu à la hanche g.   do

Blesson, Eug., Paris, 24e ligne, coup de feu au bras **gauche**. *Hopital de réserve,* **Butzow.**

Bourgoin, Louis, 54e ligne, amputé de la jambe droite. *Hopital militaire,* **Brandenbourg.**

Bonnet, Jacques, 79e ligne. *Hopital,* **Osnabrück.**

Bouvat, Antoine, Chantelle (Allier), guides, fièvre. *Hopital de réserve 1,* **Leipzig.**

Barbot, Jean-Marie, Guiras (Vendée), 84e ligne, typhus.   do

Bourcier, Aug., Montigny (Mayenne), 2e voltigeurs de la garde, typhus. *Hopital de réserve 1,* **Leipzig.**

Beauquis, Louis, Lyon, garde mobile, caporal, érysipèle. *Hopital de réserve 1,* **Leipzig**

Bas, Jules, Nauroy (Aisne), 10e artill., 10e batt., hernie. *En Caserne,* **Leipzig.**

Baron, Pierre, Josselin (Morbihan), 91e ligne, coup de feu à la main dr. Guéri, évacué sur **Dresden.**

Backscheider, Jean, Waldhausen (Moselle), gendarmerie de la Loire, bronchite. *Hopital de réserve,* **Schönebeck près Magdebourg.**

Bomart, Amand, Lille, 12e ligne, tambour, bronchite. *Hopital de réserve,* **Schönbeck près Magdebourg.**

Beiner, Charles, Borgheim, garde mobile, bronchite, *Hôpital de réserve, Schönbeck.*

Brassac, Jean, Villeneuve, 90e ligne, bronchite. do

Bernez, François, Flournevaz, 1er génie, rhume. do

Bernarias, Jacques, Celles, 1er train d'artill. do

Brual, Guillaume, Louargat, 59e ligne, tambour, blessé. do

Boissel, Armand, Chadeuil, 81e ligne. do

Bourgeois, Théodore, Nogent, 4e ligne. do

Bourcier, Théoph., Villotte, 4e ligne, caporal. do

Brissorgiel, Mathurin, St-Gilles, 19e ligne, dyssenterie. do

Bragard, Aug., Braumont, 1er artill., gastrite. do

Boujan, Prosper, Cacy, franc-tireur de la Moselle, rhume. do

Bussy, Michel, Claustre, 59e ligne. do

Bunnet, Const., 33e ligne, bronchite. *Hopital de réserve, Brandenbourg.*

Bourgeois, Eug., 2e génie, catarrhe. do

Bery, Charles, garde mobile. Evacué d'Oldenbourg à *Lingen.*

Breton, Charles, 13e chass. Evacué de Hanovre sur *Minden.*

Breton, Pierre, 99e ligne. do

Bernet, Savinich, 77e ligne. do

Bazile, E., 21e ligne, coup de feu à la main droite. *Hôpital de réserve, Lissa.*

Bonnet, Raymond, 34e ligne, 3e b., 4e c., coup de feu à la jambe g. *Hôpital de réserve, Lissa.*

Baudouin, Eug., St-Henry, 7e chass., 3e c., coup de feu au genou dr. do

Bodeau, Pierre-Jean, Pampelonne, 34e ligne, 1er b., 3e c. do

Boudry, Jules, 2e dragons, 2e esc. *Hôpital de réserve, Dessau.*

Burnet, Jean-Fr., 80e ligne, tambour. do

Boudonnière, Jean, 100e ligne. do

Bonnard, Alfred, Lyon, 60e ligne. *Hopital de réserve, Schneidemühl.*

Briolet, Jean, Vincelles (Jura), 3e train des équip., 13e c. *Hopital de réserve, Schneidemühl.*

Buch, Charles, Oberbeschdorf (B.-Rhin), 90e ligne, 3e b., 1re c. do

Bartholomot, Ed., Chissey (Jura), 73e ligne, 2e b., 6e c., caporal. do

Bertrand, Florent, Ueberrach (B.-Rhin), 19e ligne, 3e b., 1re c. do

Brivois, Jean-Bapt., Hasting (Landes), 41e ligne, 1er b., 3e c. do

Bertrand, Léon, 2e zouaves. *Hopital de réserve 2, Hanovre.*

Bluchet, Victor, 1er dragons, *Ambulance, Teterchen.* (Evacué à Sarrelouis.)

Barrier, Gabriel, 4e artill. do

Bey, Jean-Pierre, Mennetreuil, 3e train des équip., 13e c. *Hôpital de réserve, Schneidemühl.*

Breton, Guillaume, La Coquille, 60e ligne. *Hôpital de réserve, Neuwied.*

Barre, Henri-Pierre, Lempdes, 67e ligne. do

Barri, Aug.-Ferd.-Cas., Alois, 55e ligne. do

Brougné, Antoine, Sevrier, 55e ligne. do

Bretier, François, Bouchage, 2e ligne. do

Bideaut, Sostin, Flavigny-le-Grand, 2e ligne, sergent-major. *Hôpital de réserve, Neuwied.*

Bidier, P., Clamecy, 25e ligne. do

Belavarde, Jean-Bapt., Pleneselve, 2e grenad. de la garde, sergent. do

Bronche, Jean-Marie, St-Ferréol, 95e ligne. do

Breuillet, Emile, Coussey, 25e ligne, sergent-fourrier. do

Bourgès, Victor, St-Léon, 66e ligne. do

Blum, Jacob, Oberbronn, 1er dragons, brigad., catarrhe. *Hôpital de réserve, Mariënberg.*

Brezom, Charles, 46e ligne. *Ambulance 2, Séminaire, Pont-à-Mousson.*

Bouchemonts, Léonard, 7e dragons. *Hopital de réserve, Géra.*

Bayrat, Louis, gendarmerie, brigadier, *Ambulance, Pont-à-Mousson,* (évacué comme prisonnier).

Barrier, D., 1er train, 2e b., 3e c. do do

Bourguy, Casimir, 94e ligne, coup de feu à la cuisse dr. *Ambulance, Pont-à-Mousson,* (guéri, évacué comme prisonnier).

Boisson, Victor, 43e ligne, coup de feu à la cuisse dr. Renvoyé dans ses foyers.

Bisseuil, Aug., 70e ligne. do do

Bruguière, Ernest, 37e ligne, coup de feu au bras dr. do

Bellot, François, cuirass. de la garde, 3e esc. *Hôpital de réserve, Halle.*
Baduel, Amédée, 44e ligne. do
Bouien, Jacques, 41e ligne. do
Battesti, Félix, 47e ligne. do
Buffat, Hippolyte, 62e ligne. *Hôpital de réserve, Halle.*
Blondel, Jules, 1er dragons. do
Bonnetaux, François, 17e artill. do
Belut-m'Ahmet, 1er turcos. *Baraque 1, Berlin.*
Bernier, Louis, 13e ligne, sergent-major. *Hôpital, Halle.* (Evacué sur *Wittenberg.*)
Bercand, Jean, 99e ligne. do do
Bassagets, Pierre, 34e ligne, caporal. do do
Batte, Charles, 2e train d'artill., mar.-des-logis. do do
Bredoux, Joseph, 12e ligne. do do
Bourquet, Maurice, 28e ligne. do do
Brunet, Victorien, 34e ligne. do do
Bourgeois, Michel, 43e ligne. do do
Barbezier, Georges, 53e ligne. do do
Bousquet, Maurice, 54e ligne. do do
Berliquet, Pierre, 61e ligne. do do
Berthet, François, 93e ligne. do do
Baze, Michel, 93e ligne, tambour. do do
Boulanger, Louis, Hermeville, 63e ligne, caporal. *Hôpital militaire, Forbach.* (Echappé.)
Blandet, Louis, Ste-Anne-de-Buais, 67e ligne, coup de feu au dos. *Hôpital militaire, Forbach.*
Begay, Jean, St-Puy, 66e ligne, coup de feu au genou dr. do
Bonnavel, Alfred, Hesdin, 2e ligne, capitaine, coup de feu à la joue. do
Bonnet, Valère, Grillon, 32e ligne, coup de feu au coude. do
Bloch, Eug., Paris, 8e ligne, officier, coup de feu au coude. do
Boulonges, Louis, 63e ligne, coup de feu à la jambe gauche. do
Brissert, Jean, 84e ligne, typhus. do
Barbier, Chr., Chaumont, 45e ligne, 1er b., 3e c., typhus. do
Bertrand, 10e ligne. *Ambulance de la 1re Armée, Boulay.*
Brion, Ignace, 1er ligne, 2e b., 2e c., névralgie. *Hôpital de réserve, Bromberg.*
Bouet, Jean, 12e ligne, coup de feu à la cuisse gauche. *Ambulance des Etangs.*
Baron, Baptiste, 64e ligne, 3e b., 2e c. *Hôpital de réserve, Bromberg.*
Boud, Pascal, 64e ligne, 2e b., 2e c., catarrhe. *Hôpital de réserve, Bromberg.*
Brochon, Charles, 94e ligne, musicien, catarrhe. do
Briaucourt, Just, 33e ligne, 1er b., 3e c., sergent-major. do
Berlichon, Jean, 57e ligne, 3e b., 5e c., coup de feu au pied gauche. *Hôpital de réserve, Bromberg.*
Barberousse, Jean, 61e ligne, 3e b., 6e c. do
Bongrois, Réné, 2e hussards, 5e esc., dyssenterie. do
Burchard, Jos., 29e ligne, 1er b., 4e c., catarrhe pulm. do
Boche, Jean, 1er artill., 9e batt., fièvre. do
Brazidet, Phil., 33e ligne, 2e b., 6e c., fièvre. do
Barruf, Emile, 41e ligne, 3e b., 1re c., fièvre. do
Bonenfant, Jean, 93e ligne, 1er b., 2e c., fièvre. do
Badillé, Réné, 45e ligne. Evacué d'*Oldenbourg* sur *Lingen.*

Christien, Félix, 87e ligne, fièvre. Guéri et évacué sur *Lingen.*
Charpy, Const., Tarsenay (Doubs), 93e ligne, 1er b., 3e c. *Maison mère de St-Borromée, Trèves.*
Crevel, Fréd., Bernay (Eure), 33e ligne, 3e b., 5e c. do
Can, garde mobile, contusion à la jambe. Guéri et évacué sur *Minden.*
Claude, 24e ligne, anémie. Guéri et évacué sur *Lingen.*
Castera, François, 24e ligne, sergent, fièvre. Guéri et évacué sur *Lingen.*
Conrath, Joseph, Zichtheim, 1er ligne. *Hôpital de réserve, Naumbourg.*

Chaviale, Antoine, St-Julien, 95e ligne, pet.-vérole. *Hopital de réserve, Landsberg.*

Corre, Pierre, 2e ligne, dyssenterie. *2e ambulance du 3e corps Toul.*

Cromme, Pierre, turcos, dyssenterie.   do

Chevalier, Louis, 63e ligne. coup de feu à la joue. do

Caron, Victor, 61e ligne. *Ambulance d'Etapes, St-Mihiel.*

Corny, 80e ligne. *Hopital, Francfort-s/M.* (Evacué sur *Leipzig*.)

Conderre, 89e ligne.   · do

Combe, 12e ligne.   do

Chatrau, 98e ligne.   do

Cassagne, Léon, St-Marc (Aisne), 77e ligne coup de feu au genou dr. Rendu comme Invalide.

Chaix, Jacques. 1er sect. d'ouvr d'admin., pet.-vérole. *Ambulance, Pont-à-Mousson.*

Cayen, Léon, Paris, 35e ligne, contusion au ventre. *Asile Eulalie, Châlons-s/M.*

Colonne, Emile, Doumet, ? chass-, coup de feu à la cuisse droite. *Ambulance, Nancy* (Evacué.)

Chourdon, Hippolyte, Salon (Bouches-du-Rhône), 6e ligne. capitaine, 7 blessures. de

Coulange, François, 2e chass. *1re Ambulance du 7e Corps, Ennery.*

Caret, Claude, Allées (Dijon), 66e ligne *Hopital de réserve, Hamm.*

Cazet, Jul., Dijon, 24e ligne. *Hôpital de réserve, Hamm.* (Evacué.)

Cartory, Jean, (H.-Garonne), 43e ligne. *Hopital de réserve, Hamm.*

Caillon, Gabriel, Pau, 20e ligne.   do

Chamory, Bapt., (Puy-de-Dôme), 7e ligne.   do

Chérignon, Claude, (Isère), 93e ligne.   do

Cetton, Henri, 10e ligne. amputé de la cuisse. *3e Ambulance du 3e corps, Doncourt.*

Chaput, Jean, 25e ligne, coup de feu à la cuisse g.   do

Charpillon, Jean-Louis, 57e ligue, mutilation de la jambe g.   do

Caussendier, Ed., Réthel, machiniste, contusion. *Hopital d'Etapes Epernay.*

Chauvigner, Ebrais (Loire), 35e ligne, fièvre.   do   (Evacué.)

Clochard, Paul, Valentine (H.-Gar.) 1er zouaves, 1er b., 4e c. Evacué d'*Osnabrück* sur *Minden*.

Corruet, Hubert (Cher), 99e ligne, 3e b., 5e c., fièvre.   do

Chabaut, François, St-Prix, 45e ligne, 3e b., 4e c., caporal, rhumatismes.   do

Chervin, Emile, Jacourt (Aisne), 2e marine, 2e b., 2e c., sergent. *Dépôt, Lingen.*

Couchy, Désiré, (Nord), 7e artill., 10e batt. Evacué sur *Minden*.

Coquignot, Emile, 10e chass. à pied. *Hopital, Neunkirchen.*

Cossec, Charles, Plenour, 5e hussards, 3e esc., typhus. *Hopital de réserve, Weimar.*

Carrier, Henri, 98e ligne. *Hopital, Crefeld.*

Cardinal, Antoine, 98e ligne, 1er b., 3e c. *Hôpital, Crefeld.*

Collin, Jean-Baptiste, 98e ligne, 2e b., 6e c.   do

Camillo, 85e ligne. *Hôpital militaire, Berlin.*

Chatignaux, François, Bourg, 50e ligne. coup de feu au bras. *Ambulance 4, Heidelberg.*

Castel, Joseph, 2e ligne, major, blessé. *Hôpital de réserve 2, Leipzig, (en logement privé).*

Cerf (de), Camille, Bocagny, 1er turcos, coup de feu à l'épaule et à la main. *Hôpital de réserve 2, Leipzig.*

Chell, Pierre, 11e ligne, coup de feu à la cuisse. *Hôpital de réserve, Leipzig.*

Collie, Emile, La Voivre, 75e ligne, blessé.   do

Cambrexelle Gustave, Valence, 81e ligne, coup de feu à la cuisse droite. *Hôpital de réserve, Francfort.*

Chentron, Dominique, 66e ligne, 3e b., 6e c., blessé. *Hopital de réserve, Francfort s/O.*

Carabau, Jean, 52e ligne, rhume chronique. Evacué d'*Osnabruck sur Minden*.

Curie, Etienne, Faverney, 58e ligne, 3e b., 5e c., rhume chronique. Evacué d'*Osnabrück sur Minden*.

Coury, Léon, Aimontier, 31e ligne, 3e b. 6e c., catarrhe. Evacué sur *Lingen*.

Cribaillet, Etienne, Marsat (Aude), 18e artill., 5e batt., fièvre. *Hôpital de réserve 1, Leipzig.*

Chaumont, Pierre, (Vienne), lanciers de la garde, typhus.   do

Courquin, Frédéric-Joseph, Calais, 84e ligne, coup de feu au genou droit. Guéri, évacué sur *Dresde*. .

Coste, Maximin, Aix, 4e artill., rhumatisme, *Hopital de réserve, Schönebeck.*

Chabot, Florent, Lambe. 17e artill.,   do

Chibault, Charles, Cabans, 75e ligne, *Hopital de réserve, Schönbeck*.

Caillot, Jules, Lyon, 54e ligne, rhumatismes.   do

Contour, Albert, 41e ligne, dyssenterie. *Hopital de réserve, Brandenbourg*.

Claris, Prosper, 28e ligne. *Hopital, Hanovre*. (Evacué sur *Minden*.)

Cazelles, Charles, 3e zouaves, caporal,   do

Carton, Napoléon, 26e ligne.   do

Cholet, Louis, 91e ligne.   do

Charrette, Mathurin, 63e ligne.   do

Corgen, Jean, 50e ligne.   do

Chauvet, Julien, Vitry, 75e ligne, fièvre gastrique. *Hôpital de réserve, Cottbus*.

Crotoux, Louis, 70e ligne, 3e b., 1e c. *Hopital de réserve, Lissa*.

Carriol. Félix, Montredon, 95e ligne, 2e b., 4e c., coup de feu à la cuisse. *Hopital de réserve, Lissa*.

Cornevin, Emile, Brevannes, 1er zouaves, 3e b., 1e c., coup de feu au bras droit. *Hopital de réserve, Lissa*.

Combes, Pierre, 17e artill., 1e batt. *Hopital de réserve, Dessau*.

Cadelet, Jacques, 29e ligne.   do

Cotte, Charles, 100e ligne.   do

Carncy, Julien, Baillon (Somme), 19e ligne, *Hopital de réserve, Schneidemühl*.

Chaucheprat, Félix, Gentilly, 100e ligne,   do

Cardinot, M., Limoges. 95e ligne, 1er b., 6e c.   do

Canoz Joseph, Nance (Jura), 3e chass., 6e esc.   do

Chassaux, Antoine, 71e ligne. *Maison des diaconesses, Braunschweig*.

Chandolier, Louis, 33e ligne. Evacué de Teterchen à *Sarrelouis*.

Courtois, Jean-Pierre, 17e artill., 2e batt. *Hopital de réserve, Schneidemühl*.

Charbonnier, Michel, St-Clément, 98e ligne. *Hopital de réserve, Neuwied*.

Caudran, Victor, Luchot, 6e ligne.   do

Costel, Charles, 21e ligne, 3e b., 1e c., sergent. *2e ambulance (séminaire), Pont-à-Mousson*.

Caspard, Aug., 8e artill. *Rendu comme invalide, le 15 Novembre*.

Chaix, Jacq., 1er sect. d'ouvriers. *Renvoyé dans ses foyers, le 14 Novembre*.

Cohidon, D., 3e ?. *Hôpital de réserve, Halle*.

Carré, Alph.-Jacq., cuirass. de la garde. *Hopital de réserve, Halle*.

Carré, Louis, 17e ligne.   do

Contance, Léon-Bapt, 62e ligne.   do

Cardic, Thomas, 1er ligne.   do

Chandellier, Fél, 31e ligne sergent. Evacué de Halle sur *Wittenberg*.

Clouet, Hippol., 3e chass. d'Af.   do

Cerrier, Regis, 34e ligne.   do

Cazalbon, Jean-Marie, 66e ligne.   do

Cazairé, Philippe, 5e chass., petite-vérole. *Hopital militaire, Forbach*.

Claude, Nicolas, Saillenard, 66e ligne, coup de feu à la cuisse gauche. *Hopital militaire, Forbach*.

Cuxac, Pascal, 17e artill., 7e batt., amputé de la jambe droite.   do

Camy, Jules, La bastille, 67e ligne, 2e b., 2e c., gastrite.   do

Christoph, Auguste, Lontremange garde mobile, petite vérole,   do

Crevon, Léon, St Pierre-Eglise, 65e ligne, 1er b., 3e c.,   do

Carle, Martin, Usthoffen, 71e ligne, 1er b., 4e c.,   do

Crozet, 73e ligne. *Ambulance de la 1re Armée, Boulay*.

Cherassié, Marie, 15e ligne, 2e b., 3e c. *Hôpital de réserve, Bromberg*.

Cabane, Balthasar, 64e ligne, 2e b., 3e c., fièvre.   do

Célence, Etienne, 64e ligne 1er b., 5e c.,   do

Coqueret, Antoine, 29e ligne, 1er b. 2e c.   do

Carrichon, Théod., 33e ligne, 3e b., 6e c.. gastrite.   do

Cueco, Alfred, 1er artill. 6e batt.   do

Charuel, Jean-Célestin, 17e artill., 6e batt. *Hopital de réserve, Bunzlaü*.

Cartier, Augustin, 64e ligne, amputé du pied droit. Renvoyé dans ses foyers, le 11 Novembre.

Darthout, Jean, 79e ligne, fièvre. Guéri et évacué sur *Lingen*.

Delvaille, Albert, Bordeaux, 93e ligne, 3e b., 4e c., fourrier. *Maison mère des Sœurs St. Borrom ée Trèves*.

Dumont, Louis, 79e ligne. Guéri et évacué sur *Minden*.

Djioli ben Kadour, 2e turcos, caporal, catarrhe. Guéri et évacué sur *Minden*.

Donneux, 7e artill., rhumatisme. Guéri et évacué sur *Lingen*.

Debaut, N., 24e ligne, catarrhe.   do

Delmas, Dominique, 47e ligne, fièvre.   do

Dessort, Max., garde mobile, dyssenterie.   do

Dalcourt, Pierre, 24e ligne, dyssenterie.   do

Deloge, Jean-Bapt., garde mobile, dyssenterie   do

Dorpoise, Stanislas, 90e ligne. *Ambulance d'Etapes, St-Mihiel.*

Dutrot, S., 70e ligne, *Hôpital de réserve, Naumbourg.*

Denais, Pierre, 51e ligne, *Hôpital Ste-Anne, Lubeck.*

Dussert, Marius, Salon, 1er train, 6e c., dyssenterie. *Hopital militaire, Nancy.*

Dehaye, Pierre, Candien (Maine-et-Loire). *Maison mère des Sœurs St-Borromée, Trèves.*

Dubois, Ernest, Laval, 3e chass. d'Afrique, 5e esc.,   do

Dupré, Dominique, 99e ligne. *Hôpital d'Etapes, St-Mihiel.*

Dutri, 2e hussards, 4e esc. *Hôpital, Francfort s/M.* (Evacué sur Leipzig.)

Delhoye, 7e chass. à pied.   do

Dumas, 74e ligne.   do

Dumont, 4e chass. à pied, 5e c.   do

Dubroglie, Léon, canton de Montfort, 56e ligne, amputé de la jambe droite. Rendu comme invalide.

Danvin, Louis, Emérainville, 59e ligne, coup de feu au coude droit. *Ambulance, Nancy*

Douce, Hippolyte, 91e ligne. *1re Ambulance du 7e Corps, Ennery.*

Domballe, Louis, 70e ligne.   do

Debois, Léonard, train.   do   .

Drugui, Antoine, 73e ligne. Evacué *sur Metz*.

Dayon, Guillaume, St-Jean-la-Poterie (Morbihan), cuirassiers de la garde. *Hopital de réserve, Hamm.*

Domec, Isidor, Montgaillard, (H.-Pyrénées), 6e chasseurs, *Hopital de réserve, Hamm.*

Deshayes, Eug.-Fréd., St-Mars, 7e ligne,   do

Decamp, Em., (Nord), 33e ligne,   do

Demart, L.-Const., Brieulles s/Bas, 3e train des équip.   do

Desaga, Ch.-Edm., (H.-Rhin), 33e ligne.   do

Dougeix, Antoine, (Puy-de-Dôme), 6e ligne, *Hopital de réserve, Hamm.*

Domange, Jules, (Vaucluse), 57e ligne.   do

Douchesse, Antoine, (Puy-de-Dôme), 7e ligne.   do

Darraydous, Félix, Bayonne, 91e ligne, adjudant.   do

Dupont, Jean, 28e ligne, coup de feu au pied gauche. *3e Ambulance du 3e Corps, Doncourt.*

Duvignet, Rémy, 57e ligne, amputé du bras gauche.   do

Dumas, Léonard, Postignac (Corrèze), 47e ligne, 3e b., 5e c., catarrhe. *Hopital de réserve, Osnabruck.*

Dumas, Aimé, Limage (Haute-Vienne), 82e ligne, 3e b., 5e c., fièvre intermittente. Evacué sur *Minden*.

Dunand, Auguste, Sermay (H.-Savoie), 45e ligne, 1er b., 6e c. *Hopital de réserve, Osnabrück.*

Derbré, Théod., St-Hilaire, 58e ligne, 3e b., 3e c., caporal. Evacué sur *Lingen*.

Delauney, Jacques, (Loire-Inf.,) 52e ligne, 2e b., 6e c., catarrhe. Evacué sur *Minden*.

Drouin, Antoine, Lezeray (Meurthe), 40e ligne, 4e b., 5e c., rhumatismes. Evacué sur *Minden*.

Donat, Pierre, 72e ligne, 2e b., 3e c., catarrhe pulm. Evacué sur *Lingen*.

David, Joseph, Chalon s/S., 64e ligne, 4e b , 2 c.   do

Delest, Jean, (Landes), 66e ligne, 3e b. *Hôpital, Ecole des mines, Neunkirchen.*

Dubois, Remy, Béthisy, 58e ligne, 1er b., 2e c. *Loge maçonnique, Altenbourg.*

Dougradi, Franç.-Ant., Vingal, 34e ligne, caporal.   do

Deblois, Léon, train, *Hopital, Créfeld.*

Drejanon, Max., 33e ligne, *Hopital militaire, Berlin.*

Deschin, Gustave, 12e ligne   do

Donat, Bernard, 15e ligne. *Hopital de réserve, Frankenstein.*

Dupanloup Jules, 80e ligne. *Hopital de réserve, Hildesheim.*

Daniel, Baptiste, St-Gilles, 69e ligne, coup de feu à la poitrine. *Hopital de réserve Francfort s/O.*

Dagoury, Louis, 7e ligne, 3e b., 6 c., coup de feu au bras.   do

Denisart, Alphonse, 70e ligne, 3e b., 3e c., blessé.   do

Duc, Gustave, 24e ligne, blessé à la main gauche. Evacué de Butzow sur *Berlin.*

Douchy, Adolphe, (Nord), 72e ligne, 1er b., 4e c., fièvre intermittente. *Hôpital de réserve, Osnabrück.*

Dumartin, P., 58e ligne, 3e b , 3e c. Evacué sur *Minden.*

Dangréaux, Philippe, (Nord), lanc. de la garde, 3e esc. serg., bronchite. *Hopit. de réserve, Leipzig.*

Dalphin, François, la Motte (Savoie), dragons de l'impératrice , 6e esc.   do

Disvagny, Bernard, (Dordogne), lanciers de la garde, 4e esc., fièvre.   do

Dameron, Julien, (Nièvre), drag. de l'impérat., 5e esc.   do

Duchambon, J.-Louis St.-Germain-la-Garde (H. Loire), 10e ligne, coup de feu à la cuisse gauche.
    Guéri évacué sur *Dresden.*

Delau, Gustave, (Ardennes), 19e artill., 2e batt., fièvre. Guéri, *Caserne, Leipzig.*

Deudinger, Louis, Bischwiller, (B.-Rhin), 1er artill., 4e batt. Guéri, évacué sur *Dresden.*

Drumel, Edmond, (Ardennes), 95e ligne, bronchite   do

Dubois, J.-Fréd., Ecques, (Pas-de-Cal.), 44e ligne.   do

Dubois, Modeste-J., Jnghem, (Pas-de-Cal.), 3e lanciers, 5e esc.   do

David, Paulin, Buillé (Sarthe), 7e cuirass., 2e esc., petite vérole. *Hopital de réserve 1, Leipzig.*

Douzon, Joseph, Avignon, 4e drag., 5e esc. *Hopital de réserve, Schönebeck, près Magdebourg.*

Duthoit, Théophile, Roubaix 59e ligne.   do

Dabat Paul, Marsas, 17e artill., rhumatisme.   do

Didelot, Joseph Wissembourg, 10e ligne, rhumatisme.   do

Demay, Jean, Montesquieu, 98e ligne, rhumatisme, *Hopital de réserve, Schönebeck.*

Diserban, Joseph, 4e dragons, 7e esc.   do

Dureau, Philippe, 79e ligne. Evacué d'Oldenbourg sur *Lingen.*

Daumas Jean-Bapt., 82e ligne.   do

Dorlet, Joseph, 47e ligne. Evacué de Hanovre sur *Minden.*

Dalgues, Léon-Célestin, Camarès, 26e ligne, 2e b., 3e c., coup de feu au talon. *Hopital de réserve,
    Lissa.*

Dousseau, Pierre, Orthez 34e ligne, 2e b., 2e c., scorbut. *Hopital de réserve, Lissa.*

Delacour, Antoine, Lafacaux, 1er ligne, abcès.   do

Daberlé, Antoine, Aubigny, 94e ligne, 3e b., 1re c., coup de feu à la cuisse. *Hôpital de réserve
    Lissa.*

Doutre, Jean, 3e ligne, 2e b., 3e c., coup de feu à la cuisse. *Hopital de réserve, Lissa.*

Delmotte, Louis-Jos., 8e artill., 6e batt. *Hopital de réserve, Dessau.*

Dosigny, D., 8e artill., 8e batt.   do

Descatoire, Jos., 17e artill., 3e batt.   do

Duquesne Alfred, 13e artill., 6e batt.   do

Dutilleul, Ed.-Jos., 41e d'artill., 1re batt.   do

Dumas, Jean, Jauret (Dordogne), 12e ligne, 2e bat. *Hopital de réserve, Schneidemühl.*

Desprez, Paul, Hauville (Eure), 69e ligne, caporal.   do

Dadal, Louis, (H.-Saône), 13e artill., 9e batt.   do

Drin Eugène, La-Chapelle-St-Denis, 11e artill., 12e batt.   do

Dumas, Bazile, Berlau (Hérault), 11e artill., 5e batt., artificier.   do

Damotte, Charles, Senargent (H.-Saône), 11e artill., 8e batt.   do

Demull, Philippe, la Roche (H.-Savoie), 12e ligne, 1er b., 4e c.   do

Darnioud, Gab., Plismes (Nièvre), 29e ligne, 3e b. 3e c.   do

Degraulard, Hector, St-Maurice-aux-R. (Yonne), 8e art., 8e b.   do

Decug, Mathieu, Marat, 80e ligne, 3e b., 1re c.   do

Durepierre, Cressinsac, 95e ligne. *Hôpital de réserve, Neuwied.*
Doré, Jean, St-Filbert, 2e gren. de la garde.   do
Demalet, 100e ligne.   do
Dubot. Julien, 91e ligne.   do
Douzel, Gustave. Paris, 23e chass. à pied.   do
Dessieux, Réné; Deflier, 62e ligne.   do
Dusson, Jean-Pierre St-Gave, 43e ligne.   do
Dubant, Jean, 61e ligne. *2e Ambulance, Pont-à-Mousson.* (Guéri.)
Delume, Alexandre. 93e ligne, *Hopital de réserve, Halle.*
Durand, cuirass. de la garde, 3e esc.   do
Duplessis, Louis, 19e ligne.   do
Dusseaux, Jean-Marie art. de la garde.   do
Dubin, Adrien, 41e ligne.   do
Dubs M.. 1er drag,. 5e esc.   do
Dodenot, Ferd., 10e cuirass., 6e esc. Evacué comme prisonnier de guerre. *Wittenberg.*
Danel, François, 76e ligne.   do
Delaval, Phil.. Neuf-Berqu'n, 67e ligne blessé à l'épaule gauche *Hopital militaire, Forbach.*
Danquechin, Louis, Paris, 8e ligne, 3e b , 3e c.. coup de feu au bras gauche. *Hôpital militaire, Forbach.*
Dumont, Pierre, Ivoy-le-Pré, 67e ligne, 3e b.. 6e c., blessé à l'épaule droite. *Hopital militaire, Forbach.*
Danzel, Jules, Recques, 77e ligne, 3e b., 3e c. Amputé à la cuisse gauche. *Hopital militaire, Forbach.*
Dessemont, Simon, Talencieux. 55e ligne, 1er b, 3e c., blessé à la cuisse gauche. *Hopital militaire, Forbach.*
David, Jean, Bons 32e ligne, 1er b., 2e c., caporal. coup de feu au talon droit. *Hopital militaire. Forbach.*
Doutreligne Jean-Louis, 2e train d'artill. *Hôpital militaire, Forbach.*
Dordé, 64e ligne. *Ambulance de la 1re Armée, Boulay.*
Dornberger, Emile, 59e ligne coup de feu aux deux cuisses. *Ambulance des Etangs.*
Dès, Bernard, 15e ligne, 3e b., 3e c. *Hopital de réserve, Bromberg.*
Daubie, Charles 8e artill., 9e batt. fièvre.   do
Drouin, Alfred, 15e ligne, 3e b., 5e c.   do
Dumonche, Franç., 20e chass., 6e c., fièvre.   do
Dirat, Eman. 1er ligne, 1er b., 4e c., fièvre   do
Decoups, Jos , 94e ligne, 1er b., 5e c., fièvre.   do

Egaux, Ferdinand, 40e ligne, fièvre. Guéri et évacué *d'Oldenbourg* sur *Lingen.*
Escande, 2e zouaves. Evacué de *Francfort* sur *Leipzig.*
Eudes, Victor, Flers, 2e artill. *Hopital de réserve, Nordhausen.* (Evacué.)
Ehr, Jean, 3e marine, 1er b.   do   do
Eccard, Denis, St-Aubin (Jura), 34e ligne, blessé au pied gauche. *Asile Eulalie, Chalons s/Marne.*
Ecremont, Auguste, 93e ligne, coup de feu au bras droit. *Ambulance, Pont-à-Mousson.* (Guéri.)
Ernst, David, 15e ligne. *1re Ambulance du 7e Corps, Ennery.* (Evacué sur *Metz.*)
Ebersweiler, Nicolas, (Moselle), 61e ligne. *Hopital de réserve, Hamm.*
Eloir, Jules, (Nord), 33e ligne.   do
Escoffier, Alfred, 1er ligne, coup de feu à la cuisse droite. *Ambulance 3 du 3e Corps, Doncourt.*
Erve, P., St-Laurent (Pyr.), 64e ligne, 3e b., 4e c., catarrhe. Evacué de l'hôpital *d'Osnabrück* sur *Minden.*
Eglin, Jacques, 3e ligne, blessé au côté gauche. *Hôpital, Loge maçonnique, Altenbourg.*
Emblard, Jean, 13e ligne, *Hopital militaire, Berlin.*
Evrard, Henri, Paris, 61e ligne, 1er b., 5e c., blessé à la cuisse. *Hopital de réserve, Lissa.*
Etrich, Chrétien, Haguenau, 59e ligne, 1er b., 4e c. *Hopital de réserve, Schneidemühl.* (Evacué.)
Esparcieux, Auguste, 34e ligne. *Hopital de réserve, Zeitz.*

Emé, O., Poitiers, 70e ligne, sergent. typhus. *Hopital de réserve, Marienbourg.*

Ernst, Gustave, garde mobile, éclaireur. *Hopital de réserve, Halle.*

Eliet, Emile, Quesnoy, 10e chass., capitaine blessé à la main. *Hopital militaire, Forbach.*

Elwell Nicolas Obergailbach garde mobile de Metz, typhus.   do

Escudier, Pierre, Vallon, 32e ligne, caporal, coup de feu à l'épaule droite. *Hôpital militaire, Forbach.*

Fenas Etienne, St-Etienne-en-Forêt, 54e ligne, sapeur. *Maison mère des Sœurs St-Borromée, Trèves.*

Frouillon, 91e ligne, typhus. Guéri, évacué sur *Lingen.*

Fournier, Arsène, garde mobile.   do

Foucher, Auguste, Paris, garde mobile, dyssenterie. *Hopital militaire, Nancy.*

Fenayen Claude, 10e artill. *Hôpital Etapes, St-Mihiel.*

Faget, Jean-Bapt., 2e zouaves 1er b. *Hopital de réserve, Nordhausen.* (Evacué.)

Ferrandy, Jean, 6e ligne, caporal, amputé de la jambe gauche. *Hôpital, Nancy.* (Guéri.)

Fery, train, 1re *Ambulance du 7e Corps, Ennery.*

François. Elias, (Côte-du Nord), 66e ligne. *Ecole de tir, Hamm.*

Favre-Félix, Joseph-E., Paris, 24e ligne.   do

Fontenay, Pierre, Coulonge (Sarthe), 2e génie. *Hôpital d'Etapes, Hamm.*

Fourcade, Jos., Piat (Pyrénées), 2e ligne.   do

Foucher Marius, (Puy de-Dôme), 6e ligne.   do

Fargue Pierre, Vaux (H.-Gar), 82e ligne. 1er b., 6e c. Evacué d Osnabrück sur *Minden.*

Ferrenbach. Joseph, Rosheim. 67e ligne 3e b., 5e c. *Hôpital Neunkirchen.*

Féry, Nic.-Ad., Thicourt, cantinier. *Hôpital, Crefeld.*

Fretely, Ch., 28e ligne. *Hôpital militaire, Berlin.*

Feron, Napoléon-Alf., 90e ligne.   do

Firmin, Robert, 15e ligne. *Hôpital de réserve, Frankenstein.*

Fabrice, Hippolyte, Lully (H.-Savoie), 2e voltigeurs de la garde, typhus. *Hôpital de réserve 1. Leipzig.*

Fabre, Victor. Marseille, 85e ligne, coup de feu à la cuisse. *Hôpital de réserve, Francfort s/O.*

Fauconnet. Antoine, 71e ligne, 1er b., 2e c., blessé à la main droite.   do

Forges, Henri, Paris, 55e ligne, 1er b., 1re c., blessé.   do

Florne Auguste, 1er artill., 5e batt, blessé.   do

Francis, Joseph. Brest, 51e ligne. fièvre. *Hôpital de réserve 1, Leipzig.*

Felique, Pierre, Bourganeuf (Creuse), lanciers de la garde, 4e esc., fièvre. *Hopital de réserve 1, Leipzig.*

Fournier, Louis, Bains (Ille-&-Vilaine), 25e ligne, fièvre. Evacué sur *Dresden.*

Ferouillat; Auguste. 4e dragons, foulure. *Hôpital de réserve, Schönebeck.*

Foulon, Michel, 93e ligne *Hôpital de réserve, Dessau.*

Fétis, Joach., 19e ligne.   do

Fière, Léonard, Rosiers (Corrèze). 7e ligne, sergent. *Hôpital de réserve, Schneidemühl.*

Feuillassier, Jos., St-Crépin (H.-Alpes), 24e ligne 2e b., 3e c.   do

Fersin, Jean Grosbliedersdorf, 71e ligne, 2e b., 3e c.   do

François, B., Burgol. 3e gren. de la garde. *Hôpital de réserve, Neuwied.*

Fein, Jean-Baptiste. Strasbourg, 3e grenadiers de la garde, sergent-fourrier. *Hôpital de réserve, Neuwied.*

Fouet, Martin, 67e ligne, caporal, coup de feu à la hanche. Renvoyé dans ses foyers, le 11 Novembre.

Fréchard, Nicolas, 7e ligne. *Hopital de réserve, Halle.*

Favre, Balthasar, 10e ligne.   do

Ferraud, Baptiste, 94e ligne. Evacué de *Halle* sur *Wittenberg.*

Fiolle, Hippolyte, Chaussin, 7e dragons, adjudant, coup de feu au bras gauche. *Hôpital militaire, Forbach.*

Fiollet, J., 93e ligne. *Hopital de réserve, Bromberg.*

Follot, Aug., 8e artill., 6e batt.   do

Favereau, Charles-Alfred, 19e ligne. *Hopital de réserve, Halle.*

Forzans, Jean, Salles voltig. de la garde, 1er b., 4e c., serg., coup de feu à la cuisse droite. *2e Ambul. du 10e Corps, Houconcourt.*

François, Joseph, 24e ligne, 3e b., 1re c. *Hopital de réserve, Bromberg.*

Foucaut, Jules (Charente) 49e ligne. *Ambulance d'Etapes à Hamm.*

Gobillot, J., 91e ligne. Guéri et évacué d'*Oldenbourg* sur *Lingen.*

Guéroult, 47e ligne.   do

Gorgy, Jean, 14e artill., 11e batt. *Hopital d'Etapes, St-Mihiel.*

Guilleminot, Pierre, garde mobile, lieutenant. *7e Ambulance du 6e corps, Villeneuve-Saint-Georges.*

Goullaud, Jean, 40e ligne. *Hôpital d'Etapes, St-Mihiel.*

Gay, Pierre, 2e train d'artill.   do

Galomo, Benoît, 46e ligne.   do

Guichard, 54e ligne. *Francfort s/M.* Evacué sur *Leipzig.*

Garnier, François, 94e ligne, caporal. *Hopital Nordhausen.* (Guéri.)

Graziers, Biaudoe (Landes), 67e ligne, coup de feu au pied gauche. Renvoyé dans ses foyers comme invalide.

Garcin, Etienne, (Ain), 24e ligne, 3e b., 6e c., sergent, coup de feu à l'épaule gauche. *Asile Eulalie, Chalons s/M.*

Germont, Adonis, 4e ligne, sergent, blessé à la main droite. Guéri, à l'ambulance de *Pont-à-Mousson.*

Gall (Le), Yves-Marie, Pleubian (Côtes-du-Nord). 34e ligne. *Hôpital d'Etapes, Hamm.*

Guinet, Joseph Crevecœur (Nord), 33e ligne.   do

Guyet, Vinc.-Louis, Ferrières, 1er génie. *Hôpital de réserve, Hamm.*

Gallien, Jean, Fontaine) Lassenage), 38e ligne.   do

Gaillard (Le), François, St-Jean-Brevelay (Morbihan), 100e ligne. *Hopital de réserve, Hamm.*

Guillemin, M., Sargi (Loir-et-Cher), 33e ligne.   do

Guérin, Léon, Paris, 43e ligne.   do

Gardès, Jos., Villers (H.-Saône), 75e ligne.   do

Gronier, Ed., 12e ligne, coup de feu à la jambe droite. *3e Ambulance du 3e Corps, Doncourt.*

Gabillard, Joseph, St.-Just (Charente), 72e ligne, 2e b., 4e c., fièvre. *Hôpital de réserve, Osnabrück.*

Germain, Pierre, Vignols (Corrèze), 36e ligne, 1er b., 3e c., anémie. *Hôp. de rés., Osnabrück.*

Guenot, Aug. 11e ligne, 1er b. 1re c. Evacué d'*Osnabrück* sur *Minden.*

Guerdallit, Michel, 40e ligne. *Hôpital de réserve, Osnabrück.*

Guelpe, Guillaume, Quimper, 7e artill. Evacué d'*Osnabrück* sur *Lingen.*

Guichard, Alex., 49e ligne, 2e b., 2e c. Evacué d'*Osnabrück* sur *Minden.*

Guinant, Auguste, 79e ligne, 2e b, 3e c. Evacué d'*Osnabrück* sur *Lingen.*

Guerlin, Etienne (Rhône), 99e ligne, 1er b., 2e c.   do

Graffiel, Jean, 58e ligne, 3e b., 3e c.   do

Guichard, Eugène, Cagny (Somme), 7e artill., 11e batt.   do

Germain, Pierre, St-Remy, 67e ligne, 4e b., 3e c. *Loge maçonnique, Altenbourg.*

Gros, Auguste, Thoiry, 34e ligne, caporal.   do

Guilleron, Pierre, Kergloff, 34e ligne, pneumonie. Guéri, en Caserne, *Altenbourg.*

Gibert, Venceslas, 15e ligne. *Hopital militaire, Berlin.*

Gardres, Célestin, 15e ligne.   do

Gay, Eugène, 1er dragons.   do

Guillaumaz, Alfred, garde mobile. *4e Ambulance, Heidelberg.* (Evacué.)

Galliard, Louis, La Brière, 93e ligne, blessé au doigt. *4e Ambulance, Heidelberg.* (Guéri)

Girandon, Arnold lanciers de la garde, blessé à la cuisse. *Hopital de réserve, Heidelberg* (Evacué.)

Gallone, Emile, Daumet 9e chass, blessé au genou.   do   do

Gransart, A., 33e ligne. *Hôpital de réserve, Frankenstein.*

Gast, Joseph, 4e section d'ouvriers d'administ. *Hôpital de réserve, Frankenstein.*

Gangloff, Joseph, Mutzig, 97e ligne, 3e b., 6e c., blessé à la tête. *Hopital de réserve, Frankfort s/O.*

Goisin, Emile, 44e ligne, 1er b., 2e c., blessé.   do

Guiraud, Pierre, 58e ligne, 3e b., 2e c. Evacué d'*Osnabrück* sur *Lingen.*

Galtie, St-Pardoux, 17e ligne, 1er b., 4e c. Evacué d'*Osnabrück* sur *Minden.*

Giraudon, Eugène, Marrey (Deux-Sèvres), 8e chass.   do

Gauthière, Henri-Emile, la-Villemorin (Côtes-du-Nord), artillerie de la garde, typhus. *Hopital de réserve 1, Leipzig.*

Graves, Pierre, Ste-Croix-du-Mont (Gironde), 30e ligne, blessé au pied. Guéri et évacué de *Leipzig* sur *Dresden.*

Giraud, Antonin, Lyon, 47e ligne, sergent. Guéri, en Caserne, *Leipzig.*

Geniesse, Etienne, St-Claire (Tarn-et-Gar.), 79e ligne. *Hopital de réserve 1, Leipzig.*

Gelinand, Antoine, Saintes, 1er ligne, sergent-major. *Hopital de réserve, Schönebeck.*

Gey, Jean, 17e artill.   do

Guillet, Edouard, Craon, 29e ligne, caporal.   do

Guédé, Toussaint, St-Brieuc-des-Iffes, 1er génie, fièvre.   do

Goisbaut, Adolphe, 29e ligne.   do

Gemeau, Léonard Busserolles, 44e ligne, fièvre.   do

Godart, Tranquille, Bolleville, 1er génie.   do

Grangeon, Jean-Marie, 79e ligne. Guéri et évacué d'*Oldenbourg* sur *Lingen.*

Grousseau, Pierre, 79e ligne.   do

Germain, Alex., 79e ligne.   do

Girault, Edouard, 77e ligne, sous-lieutenant. Evacué de *Hanovre* sur *Minden.*

Goissellier, Cl., 37e ligne, catarrhe pulm. *Hopital de réserve, Cottbus.*

Georgeon, Jean-Louis, gendarmerie, rhumatismes. *Hopital de réserve, Lissa.*

Giffre, Jean-Marie, Tarare, 47e ligne, 3e b, 2e c., blessé au coude droit. *Hôpital de réserve, Lissa.*

Guillemineau, Jean, 4e artill., 12e batt. *Hopital de réserve, Dessau.*

Geranton, Réné, 5e ligne.   do

Germain, P., 57e ligne.   do

Gorgeard, Jean, 59e ligne.   do

Genuyt, Edouard, 69e ligne.   do

Gauthier Ier, Louis-Sylvain, 100e ligne.   do

Gauthier II, Claude-Ad., 100e ligne.   do

Gadat, Jacques, 2e grenadiers.   do

Guye, Charles, Besançon, 1er artill., 6e batt., maréchal-des-logis. *Hopital de réserve, Schneidemühl.*

Gondolle, Casimir, Torcy (Seine-et-Marne), 70e ligne.   do

Gaspard, Henri, Sierentz (Haut-Rhin), 11e artill., 6e batt.,   do

Gras, Séraphin, St-Laurent (Isère), 43e ligne, 4e b., 5e c.   do

Grisar, Auguste, Maurienne (Sarthe), 62e ligne, 3e b., 1re c.   do

Gorlier, Etienne, 29e ligne. *Ambulance Teterchen.* Evacué sur *Sarrelouis.*

Guilleminot, Léon, Dijon, 1er chass. d'Afrique, 6e esc. *Hôpital de réserve, Schneidemühl.*

Gally, Louis, 69e ligne, 3e b., 1re c. *Hopital de réserve, Schneidemühl.*

Griffouiller, Pierre-Jean, 2e chass., 6e c. *Hopital de réserve, Neuwied.*

Guette, Jean-Bapt., 93e ligne.   do

Girard, Joseph, Etoile, 91e ligne.   do

Guisbert, Jean, Lissac, 3e voltigeurs de la garde. do

Gagnepas, F.-Bapt., 12e ligne.   do

Guibert, François, 53e ligne. *6e Ambulance du 1er Corps, Donchéry.*

Gallier, Jean, 17e ligne, 2e b., 2e c. *2e Ambulance, Pont-à-Mousson.* (Guéri.)

Gareau, 7e dragons. *Hopital de réserve, Géra.*

Galibert, Félix, 4e ligne. *Hôpital de réserve, Halle.*

Geoffroy, François, 41e ligne.   do

Guinchertière, Etienne, 44e ligne. do

Gatris, Auguste, 93e ligne. Guéri, évacué de *Halle* sur *Wittenberg.*

Grevillot, Antoine, Châteaudun, 2e ligne, lieutenant, coup de feu aux deux cuisses. *Hôpital militaire, Forbach.*

Geroux, Pierre, 65e ligne, 1er b., 4e c. *Hopital de réserve, Bromberg.*

Gary, Jean-Marie, 22e ligne, 1er b. 1re c., *Hôpital de réserve, Bromberg.*

Guiome (ou Guillaume), Pierre, 1er dragons, 3e esc.   do

Gentel Albert, 70e ligne, 1er b , 6e c.   · do

Guyon, Auguste, 54e ligne.   do

Gedons, Alfred, 2e artill , 8e batt.   do

Gaîté, Jean-Marie, 1er ligne.   do

Gailliez, Gustave, 15e ligne.   do

Gultner, Michel, 1er ligne 1er b., 6e c.   do

Genoux, Joseph, 12e ligne. Guéri, évacué de *Halle* sur *Wittenberg.*

Godin, Jean, Distroff, 55e ligne, blessé au mollet. *Hopital militaire, Forbach.*

Houpot, François 25e ligne. *Maison mère des Sœurs St-Borromée, Trèves.*

Hubert, Louis, 62e ligne. Guéri et évacué d'*Oldenbourg* sur *Minden.*

Henrion, 7e artill.   do

Housselle, Séb., 95e ligne. *7e Ambulance du 6e Corps, Villeneuve-St-Georges.*

Hentschel, Aug., 67e ligne, coup de feu à la jambe gauche. *Ambulance du 10e Corps, Pont-à-Mousson.*

Hilt Jos.-Const , 15e ligne. *1re Amb lance du 7e Corps, Ennery.*

Haussaut, Eugène, 70e ligne.   do

Hericher, Eug.-Alfred, (Seine-Infér), 80e ligne. *Hopital de réserve, Hamm.*

Harnichosel, Em , Condé (Meuse) 73e ligne, fourrier.   do

Haman†, H., Flavigny (Moselle), 40e ligne, 4e b., 5e c. Evacué sur *Minden.*

Huck, François, Marseille, 7e artill.   do

Hautin, Ferdinand, Blois, 73e ligne, caporal, blessé à la poitrine et au bras. *Hopital de réserve, Weimar.*

Haas, Jean, 18e ligne. *Hopital de réserve, Frankenstein.* Evacué sur *Schweidnitz.*

Haurils, Paul, Vienne, 15e ligne, pneumonie. *Ambulance, Heidelberg.*

Henaut, Célestin, Beaulieu, 32e ligne. 3e b., 1re c., perte du pouce gauche. *Hopital de réserve, Francfort s O.*

Hamet-ben Saïd, Sétif, 3e turcos, 3e b. Evacué d'*Osnabrück* sur *Minden.*

Humbert, Eugène, Mezières 7e artill., canonnier. Evacué d'*Osnabrück* sur *Lingen.*

Heuret, Paul, Chassenay (Aube), guides. 4e esc., typhus. *Hopital de réserve 1, Leipzig.*

Hacque, Pierre, (Mayenne), 11e artill , 7e batt. Evacué sur l'*Hôpital Jacob Leipzig.*

Hobel Victor, Mulhouse, 2e hussards 5e esc. *Hopital de réserve Schönebeck.*

Hourïon, Louis, Nancy, 2e chass. à cheval, 4e esc.   do

Hennig, Nicolas Metz 11e chass. à pied.   do

Henry, Joseph, Belle-Fontaine, 71e ligne.   do

Huet, Jules, 12e ligne. *Hopital de réserve, Cottbus.*

Henry, Albert, 43e ligne, 2e b.. 6e c., blessé au ventre. *Hopital de réserve, Lissa.*

Herrmann, Lambert, Rosheim (B.-Rhin), 32e ligne, 2e b. *Hopital de réserve, Schneidemühl.*

Heroud, Emile, Sens, 62e ligne, 4e b. *Hopital de réserve, Neuwied.*

Heroud, Jules, 1er ligne.   do

Hête, Célestin, 75e ligne.   do

Hoffer, Etienne, 74e ligne. *Ambulance, Pont-à-Mousson.* (Guéri et évacué.)

Halter, Al , 20e artill. *Hopital de réserve, Halle.*

Henillet, Félix, 18e artill.   do

Heu, Magloire, 9e ligne. Evacué de *Halle* à *Wittenberg.*

Hée, Pascal, 2e train d'artill.   do

Huot, Antoine, 93e ligne.   do

Hellin, Philippe, 41e ligne. *Hopital de réserve, Bromberg.*

Huguet, Laurent, 98e ligne, 1er b., 4e c. do

Hildenbrand, J., 65e ligne, 2e b , 5e c. do

Hénore, Gustave, 7e hussards, 6e esc., maréchal-des-logis. *Hopital de réserve, Bromberg.*

Held, Auguste, 43e ligne, 2e b., 6e c.   do

Hillaire, Firmin, 66e ligne., 3e b., 6e c. *Hôpital St-Anne Lübeck.*
Huet, V., Gien train d'artill , 7e c. *Hopital de réserve. Schönebeck.*

Ingelrans, Henri. Bailleul (Nord), 26e ligne. *Maison mère des Sœurs St-Borromée, Trèves.*
Immelin, Michel Colmar 34e ligne. *Hopital de réserve, Altenbourg.*
Iril, François, Gailliac, 43e ligne, blessé à l'épaule. *Ambulance, Heidelberg.*
Imousin, Barthelémy, 15e ligne, coup de sabre. *Hopital de réserve, Brandenbourg.*

Jeanneau, Jean, (Loire Inférieure), 65e ligne. *Maison mère des Sœurs St-Borromée, Trèves.*
Juenou, Marie, 91e ligne. Guéri, évacué d'*Oldenbourg* sur *Minden.*
Jacquier, V. 34e ligne. Guéri, évacué d'*Oldenbourg* sur *Lingen.*
Jang, Eug., 99e ligne, 2e b , 4e c., sergent *Hopital d'étapes, St-Mihiel.*
Juillonnet, Léon, Percy (Isère), 95e ligne, sous-officier. *Hopital de réserve, Lansberg.*
Jourde Antoine, 12e ligne, sergent fourrier. 7e *Ambulance du 6e corps, Villeneuve-St-Georges.*
Juillard, Célestin, 27e ligne, coup de feu au bras gauche. *Collège, Pont-à-Mousson,* (Guéri)
Jourdan, Joseph Tillins (Is're), 63e ligne. *Ecole de tir Hamm.*
Jarny, Pierre, (Vendée), 44e ligne. *Hopital de réserve, Hamm.*
Jacquin, Cl.-Henri, Chatelet (Côte-d'Or), gendarmerie, sous-officier. *Hopital de réserve, Hamm.*
Jolly, Joseph, (Vendée), 65e ligne, 1er b., 6e c., blessé à la tête. *Hopital de réserve Osnabrück.*
Juhel, Olivier, Bains (Ille-et-Vilaine), 52e ligne, 2e b., 1re c. Guéri, au dépôt des prisonniers *Minden.*
Jeannères, Henri, Paris, 8e chass. maréchal-des-logis. Guéri, au dépôt des prisonniers, *Lingen.*
Jann Séraphin, Kirchberg, 40e ligne, 1er b., 2e c *Hopital, Neunkirchen.*
Jannier, François, ? *Hôpital, Créfeld.*
Jouvin, Louis, 33e ligne. *Hôpital militaire, Berlin.*
Jaquelin, Jean 11e dragons.   do
Javin, Amédée Valréas, 28e ligne, capitaine. Eclat de gren. à la cuisse. *Ambulance, Heidelberg.*
Julhien, François, Montréal, 25e ligne, blessé au pied. *Hopital de réserve, Francfort s/O.*
Jaffre, François, 44e ligne, 3e b., 6e c. Evacué d'*Osnabrück* sur *Lingen.*
Jacquinet Jean, 85e ligne. *Hôpital de réserve, Schönebeck.*
Jourdan, Joseph, 11e artill., 8e batt.   do
Joubert, Pierre Combéranche, 81e ligne, blessé. *Hopital de réserve, Schönebeck.*
Joumier. Victor, Paris, 19e ligne.   do
Jouve, Pierre, 4e artill., 12e batt.   do
Jacquemin, Prosper, Ménil-sur Saux, 9e ligne.   do
Jacquet, Jean, 84e ligne. Evacué d'*Oldenbourg* sur *Lingen.*
Jacob, Jean, Dinchy, 67e ligne 2e b., 4e c. *Hopital de réserve, Lissa.*
Jazat, Jean, 4e artill., 6e esc. *Hopital de réserve Dessau.*
Jand Pierre, les Essarts 44e ligne, 2e b., 5e c. *Hopital de réserve, Schneidemühl.*
Jeannin, Alfred, 1er ligne, 3e b., 3e c. *Hopital de réserve, Bromberg.*
Jacquemain, Célestin, 2e hussards 6e esc.   do
Jozy Désiré, 33e ligne, 2e b. 5e c.   do
Jetzetquel, Isidore, Brest, 1er génie. *Hôpital de réserve, Schneidemühl.*
Jousjonard, Jean, 19e ligne, *Hôpital de réserve, Dessau.*

Klein, Laurent, 32e ligne 2e b., 1re c., blessé au bras et à la poitrine. *Hôpital militaire, Forbach.*
Kaddour-ben-Mohor, 1er turcos. Guéri et évacué d'*Oldenbourg* sur *Minden.*
Kamm Emile, 26e ligne, 1er b., 6e c., sergent. *Hopital St-Anne, Lübeck.*
Kaiser, Jacques, 11e ligne. *Hopital d'Etapes, St-Mihiel.*
Kampf, Louis, 6e ligne. *Hopital militaire, Berlin.*
Klein, Jacques, Roppenheim (B.-Rhin), 3e train des équip. 3e c. *Hopital de réserve, Schneidemühl.*
Kiefer, Louis, Mulhouse, 29e ligne, 2e b., 2e c.   do

Klein, Piérre, 8e ligne, 1er b., 4e c., blessé au genou. Le 19 Novembre renvoyé dans ses foyers.
Keller, Georges, 93e ligne, caporal. Evacué de Halle sur *Wittenberg.*
Kinzinger, 8e artill., 5e batt. *Ambulance de la 1re Armée, Boulay.*

Leberre 91e ligne. Guéri et évacué d'Oldenbourg sur *Lingen.*
Labaricias, Jean, (Charente), 1er génie, ouvrier. *Maison des Sœurs St-Borromée, Trèves.*
Laheurte, Christ., 40e ligne. Guéri, évacué d'Oldenbourg sur *Lingen.*
Lecart, François, 57e ligne.   do
Lyoux, garde mobile.   do
Lienhardt, garde mobile,   do
Laressi-ben-Mohamed, 1er turcos.   do
Lepars, L., 44e ligne. *Hopital de réserve, Naumbourg.*
Legay, S., Sédan, garde mobile. *Hôpital militaire, Nancy.*
Liépé, Louis, (Jura), 12e ligne. 2e b. *Maison mère des Sœurs Borromée, Trèves.*
Latouche, Vincent, 61e ligne, *Hopital d'Etapes, St-Mihiel.*
Leininger, Charles, Wolfisheim, 3e turcos. *Hopital de réserve, Nordhausen.*
Landemore, Pierre, (Orne), 28e ligne, 1er b., 3e c., blessé au ventre. *Asile Eulalie, Chalons s/M.*
Lelarge, Isidore, Vouziers, 28e ligne, 1er b.. 3e c.   do
Lallemand, Pierre, 33e ligne, caporal. *1e Ambulance du 17e corps, Ennery.*
Lasserre, ? Evacué d'*Ennery* sur *Metz.*
Levèque, Joseph, Paris, 24e ligne. *Hopital de réserve, Hamm.*
Labbé, Auguste, Cambelles (Côtes-du-Nord), 12e ligne, caporal. *Hopital catholique Hamm.*
Lehuédé, François, Bourdebat (Loire-Inf.), 4e artill. *Hopital d'Etapes, Hamm.*
Levèque, Joseph Paris, 24e ligne.   do
Leca, Martin, (Corse), 77e ligne.   do
Landier, Jean-Bapt., Mondoubleau, 2e dragons, chef-armurier. *Hopital de réserve. Hamm.*
Lebouchet, Ch.-Et., (Calvados), 62e ligne, musicien. *Hopital de réserve. Hamm.*
Labarre, Bern.-Marie, St-Sauveur (Finistère), 19e ligne.   do
Lagadec, Fr.-Marie, Pont-Croix (Finistère), 69e ligne.   do
Lefort, Th.-Alf., St-Georges (Mayenne), 19e ligne.   do
Lemoine, Louis-Hippol. (Orne), 93e ligne.   do
Linard, Pierre, Coursac (Dordogne), 1er dragons.   do
Lhénoret, Ives, (Côtes-du-Nord), 70e ligne.   do
Lemborel Oscar, (Calvados), 65e ligne.   do
Labord, D. (H.-Pyrenées), 11e dragons.   do
Lemel, Gustave, Granville (Manche), 93e ligne.   do
Lejeune, Jules, 20e ligne, blessé à la cuisse droite. *3e Ambulance du 3e Corps, Doncourt.* (Evacué.)
Lacaze, Laurent (H.-Pyrénées), 12e chass. Evacué sur le dépôt de *Lingen.*
Lemagnaut, Gustave, (Manche), 7e artill, 12e b.   do
Lais, Bernard Humberg, 10e ligne. *Hopital, Loge maçonnique, Altenbourg.*
Lagarde Jean, 58e ligne, sapeur.   do
Louis, Joseph, 26e ligne. *Hopital militaire, Berlin.*
Lagnotte, Baptiste, 94e ligne.   do
Louraine, Claude, Paris, 4e voltigeurs de la garde. *Ambulance, Heidelberg.*
Lavoisier, Etienne, 2e grenad. de la garde, blessé au coude. *Ambulance, Heidelberg.*
Lallemand, Cés.-Cl., 73e ligne, lieutenant, blessé à la cuisse.   do
Laron Louis, 6e ligne. *Hopital de réserve, Frankenstein.*
Loncerre, François, 13e ligne.   do
Liret de Moisy, (H.-Savoie), 57e ligne, capitaine, blessé au genou. *Hopital de réserve 2, Leipzig.*
Ladin, Adrien, 5e artill., 7e batt. blessé. *Hopital de réserve, Francfort s/O.*
Louet, Louis, 75e ligne, coup de feu au bras.   do
Labro, Jean, (Lot), 34e ligne, 2e b., 2e c., fièvre. Evacué sur *Minden.*
Leboucq, Edmond, la-Loupe (Eure-et-Loire), 18e artill, 1e batt., fièvre. *Hopital de réserve 1,*
    Leipzig.

Levasseur, Abel, (Eure), 11e chass. 4e c., fièvre. *Hôpital de réserve, Schönebeck.*

Lecomte, Emile, St-Maximin, 51e ligne.   do

Lemaire, Joseph, 7e ligne, fièvre.   do

Lejeune, Emmanuel. 69e ligne dyssenterie.   do

Letourneur, Vincent, 91e ligne, gastrite.   do

Landré, Henri Lussac 95e ligne, dyssenterie.   do

Lacombe, O.-Victor, 2e chass., catarrhe. *Hôpital de réserve, Brandebourg.*

Lancellon Pierre, 54e ligne bronchite.   do

Lebourdat Math., 63e ligne. Guéri et évacué d'*Oldenbourg* sur *Lingen.*

Legardeur, Eug.-Charles, St-Dizier, 70e ligne, lieutenant. *Hôpital de réserve Cottbus.*

Liberté, Adolphe, 34e ligne, 2e b., 4e c. *Hôpital de réserve, Lissa.*

Lise, Jean Chalais, 94e ligne. 2e b., 6e c., coup de feu à la jambe. *Hôpital de réserve, Lissa.*

Lafare, Jean, 11e artill., 2e batt. *Hôpital de réserve, Dessau.*

Laîné, Jean-Marie, 44e ligne.   do

Labarbe, Pierre, 66e ligne.   do

Liberol, Pierre, 83e ligne.   do

Luigi Math., 41e ligne.   do

Lhuissier, Henri, (Mayenne) 12e ligne. *Hôpital de réserve, Schneidemühl.*

Lelièvre, Edouard, Vezin (Moselle), 2e dragons, 2e esc.   do

Lefebre, Ant. Rougemontier (Eure), 69e ligne, 3e b., 5e c. *Hôpital de réserve, Schneidemühl.*

Lamotte, Julien, Champenest (Seine-et-Marne), 12e ligne, musicien.   do

Larrère, Simon Dax (Landes), 100e ligne, musicien.   do

Langer Charles, Rémering (Moselle), 3e chass. à cheval, 1er esc., musicien. *Hôpital de réserve, Schneidemühl.*

Lebiat Jean-Marie, (Finistère), 62e ligne, 1er b., 2e c. *Hôpital de réserve, Schneidemühl.*

Labourau, Auguste, 6e chass. à cheval. *Hôpital de réserve, Zeitz.*

Laffougère G., intendance. *Maison des Diaconesses Braunschweig.*

Laroche, Frédéric 29e ligne. Évacué de *Teterchen* à *Sarrelouis.*

Lefère, Eugène, 33e ligne.   do

Lasalle, André, 73e ligne.   do

Lutz, Georges, Mulhouse, 69e ligne, 2e b., 1re c. *Hôpital de réserve, Schneidemühl.*

Loyer, Georges, Paris, 10e ligne, 2e b. 2e c.   do

Lafargue, Jean-Bapt., 29e ligne.   do

Leriel, Louis, Juziers, 40e ligne 3e b. 6e c.   do

Lapoure, Jean, Nontron, 98e ligne. *Hôpital de réserve, Neuwied.*

Lieuvillier, Félix, Lavéneuse, 2e chass. à pied.   do

Lejar, Constant, Illiers, 6e ligne.   do

Lejeune Alex., Orléans, 13e ligne, sergent.   do

Lardé, Fr.-Claude 66e ligne.   do

Laxade (de), Edmond, 9e ligne, caporal 2e *Ambulance, Pont-à-Mousson.*

Lapp, Jacques, 12e ligne, caporal. 2e *Ambulance du 5e corps, Saverne.* (Évacué.)

Loine, Jean, Villefranche (Rhône) 18e artill., 2e batt. *Hôpital de réserve Görlitz.*

Lemaître Emile, 13e ligne mutilation de la jambe droite. Renvoyé dans ses foyers le 14 Novembre.

Lasquement, Casimir, 18e art. *Hôpital de réserve, Halle.*

Leclerc Alex. 6e c. de cav. de remonte.   do

Larue, Victor, 7e ligne.   do

Lebreton, Jean, 29e ligne.   do

Lépître, Jean, 69e ligne.   do

Loyer François, 74e ligne. Évacué de *Halle* sur *Wittenberg.*

Lasalle, Jean, 3e cuirass., brigadier.   do

Lemagnot, Louis, 10e ligne.   do

Leportier, Albert, 34e ligne.   do

Laffond, Pierre, 34e ligne.   do

Leguiadec, Joseph, Prat, 67e ligne, coup de feu au côté gauche. *Hôpital militaire Forbach.*

Lanfort, Joseph, 43e ligne, 1er b. *Hôpital de réserve, Bromberg.*

Leguier, Arsène, 29e ligne, fracture de la cuisse gauche. *Ambulance des Etangs.*
Laurant, Auguste, 4e ligne, 1er b , 6e esc., tambour. *Hopital de réserve, Bromberg.*
Loignet, J., 70e ligne, 5e b., 2e c.   do
Laubert, Pierre, 94e ligne, 2e b., 5e c.   do
Laurent, Joseph, 9e dragons, 1er esc.   do
Lareille, Théophile, 64e ligne, 2e b., 5e c.   do
Laurent, Joseph, 7e ligne, 1er b., 3e c.   do
Lenique, Hippolyte, 54e ligne, 2e b., 3e c.   do
Lafond, Etienne, 1er ligne, 1er b , 4e c., caporal.   do
Leclair, Joseph, 1er dragons, 2e esc.   do
Laurent, Abel, Luc-sur-Mer (Calvados), lanciers de la garde , 2e esc. *Hopital de réserve 1, Leipzig.*
Lecré, Lucien 41e ligne caporal. Evacué de Hanovre sur *Minden.*
Lemassen, Alphonse, St-Lo, 11e artill., 8e batt. *Hôpital de réserve Schneidemühl.*
Lombard, François, 25e ligne. Evacué d'*Ennery* sur *Metz.*

Mohamed-ben-Lodje, 1er turcos épaule démise. Guéri et évacué d'*Oldenbourg* sur *Lingen*
Monist, Pierre, Orléans, 94e ligne, 3e b., 2e c. *Maison mère des Sœurs Borromée, Trèves.*
Magnin Joseph, (Isère), 4e ligne.   do
Maestrati, 27e ligne, catarrhe. Guéri, évacué d'*Oldenbourg* sur *Minden.*
Madigot, 17e ligne.   do   *Lingen.*
Marclin, 45e ligne, sergent-major, pneumonie   do   do
Mohamed-ben-Adi, 2e turcos.   do   do
Magouse. Ferd , 79e ligne.   do   do
Magé, Pierre 79e ligne.   do   do
Moreau, Jean (Dordogne), 83e ligne. *Maison mère des Sœurs St-Borromée, Trèves.*
Mourtier, Henri, 81e ligne, sous-officier. *7e Ambulance du 6e Corps. Villeneuve-St-Georges.* (Evacué.)
Mercier, Paul, 42e ligne. *7e Ambulance du 6e Corps, Villeneuve-St-Georges.*
Montiallaux, Alex , 46e ligne. *Ambulance d'Etapes, St-Mih el.*
Malapert, Pierre, 17e ligne.   do
Mohamed-ben-Abbès, 2e turcos. Evacué de *Francfort* sur *Leipzig.*
Magnole Jean-L., Guillotière, 16e artill , blessé à la tête. *Hôpital de réserve, Nordhausen.* (Guéri.)
Mouel (de), Jean-Marie, garde mobile, 3e b. *Hopital de réserve, Nordhausen.*
Mignot, Eugène Paris, 28e ligne coup de feu à l'épaule gauche. *Asile Eulalie, Chalons s/Marne.*
Martel Etienne, 28e ligne Evacué d'*Ennery* sur *Metz.*
Magy, Louis, Loir-le-Château, 24e ligne. *Hôpital. Ecole de tir, Hamm.*
Mormentyn, Henri (Nord), 72e ligne. *Ambulance d'Etapes,*   do
Mornes, Joseph, (Dordogne) 36e ligne.   do
Michot, Louis, Paris, 2e ligne, caporal.   do
Michel Charles, (Mayenne), 9e l., serg.-major.   do
Mangin, Joseph-Prosper, 4e ligne. *Hopital de réserve, Hamm.*
Menant, Mich.-Ch., (Manche), 65e ligne.   do
Maïturin, Phil., (Morbihan), 10e ligne.   do
Melzessard L.-A., (Loire), 70e ligne.   do
Marie, Emile, (Calvados), 43e ligne.   do
Masagnelo, Bapt., (Creuse), 15e ligne.   do
Mosson, Etienne, 91e ligne, sous-lieut., coup de feu à la poitrine. *3e Ambulance du 3e Corps, Doncourt.*
Maillard Henri, 20e chass. à pied, 5e c., amputé du bras droit *3e Ambulance du 3e Corps, Doncourt.*
Maseiller, M., Ferrier, 10e ligue, fièvre. *Ambulance d'Etapes, Epernay.* (Evacué.)
Mahomed-Abd-el-Kader, 1er turcos, 2e b., 4e c., ophthalmie. *Hopital de rés., Osnabrück.*

Mercier, Louis, (Indre), 17e ligne, 2e b., 4e c., catarrhe. Evacué d'*Osnabrück* sur *Minden*.

Martinez, François, Montreuil (Indre-et-Loire), 94e ligne, 4e b., 2e c., catarrhe. *Hopital de réserve, Osnabrück*.

Mesanage, Pierre, (Ardèche), 79e ligne, 2e b., 4e c., catarrhe. *Hôpital de réserve, Osnabrück*.

Monpied, Jean, St-Etienne, 91e ligne., 4e b., 3e c. Evacué d'*Osnabrück* sur *Lingen*.

Moret, Alexis Martigny, 58e ligne.   do

Morande, Philippe, Lyon, 91e ligne, 4e b., 1re c.   do

Moinet, Jean-Bapt., (Loire), 7e artill.   do

Moreau, Paul, (Vienne), 1er zouaves, 4e b., 2e c.   do

Maussire, Claude, 10e artill., 5e batt. *Loge maçonnique, Altenbourg*. (Evacué.)

Massieu, Ferd., Bordeaux, 3e voltigeurs.   do

Megret, Louis, 34e ligne.   do

Matinet, Pierre, (Côte-d'Or) 89e ligne, 2e b., 7e c.   do

Mathieu, Emile, 34e ligne, 2e b., 3e c.   do

Meyer, Joseph, St Croix, 34e ligne.   do

Martin, Paul, 11e chass., sous-officier. *8e Ambulance du 13e Corps, Siegbourg*.

Marchand, Célestin. ? *Hôpital de réserve, Créfeld*.

Moson, Pierre, 94e ligne. *Hôpital militaire, Berlin*.

Maseillon, Henri-Pierre, Vitry-le-François, 57e ligne, coup de feu à la joue droite. *Ambulance, Heidelberg*.

Maillot, H.-Edouard, Touilly, 74e ligne, sous-lieutenant, blessé à la cuisse. *Ambulance Heidelberg*.

May, Victor, Nice, 2e hussards, blessé à la tête. *Ambulance, Heidelberg*.

Marsais, Jules, 25e ligne, Eclat de gren. à la cuisse.   do

Marboudy, Jean, Ste-Anne, 57e ligne, blessé au mollet. *Hopital de réserve 2, Leipzig*.

Melan, Joseph, 75e ligne.   do   do

Marcillac, Sixte, (Lot), 52e ligne, 3e b., 4e c. Guéri évacué d'*Osnabrück* sur *Minden*.

Mahomed-ben-Lados, Constantine 3e turcos, 3e b.   do

Mariel, Urbain, (Pas-de-Calais) 2e grenad. de la garde, typhus. *Hôpital de réserve 1, Leipzig*.

Meyer, Philippe, Wœrth, dragons de l'impératrice, brigadier.   do

Muckensturm, Antoine, Munwiller (Bas-Rhin), 74e ligne, érisypèle.   do

Maceron Constant, Champsecret (Orne) 11e chass. à cheval, 4e esc., typhus. do

Mariage, Honoré, Vitreux (Ardennes), 20e chass. à pied, 3e c. coup de feu à la jambe gauche. Guéri, et évacué sur *Dresden*.

Mathéus, Louis, (H.-Rhin) 27e ligne, coup de feu à la jambe gauche. Guéri et évacué sur *Dresden*.

Mohamed-ben-Abid, 2e turcos, blessé au pied gauche.   do

Milord Léonard, Cieux, 59e ligne. *Hôpital de réserve, Schönebeck*.

Mérer, François, Flourens 51e ligne, blessé.   do

Morel, Jean St-Laurent 98e ligne.   do

Mayeur, François, Concharbin, 29e ligne, fièvre.   do

Merten, Armand, Ardifort, 19e ligne.   do

Michaud, Louis, Nély, 9e ligne.   do

Maclou, Joseph, Paris, 44e ligne, caporal.   do

Maheux, Ed., Avesnes, 3e chass. d'Afr., abcès.   do

Morel, Aug., Crémongé, 1er artill., 2e batt.   do

Mourait, Louis, Losse, 9e ligne. *Hôpital de réserve, Schönebeck*.

Micout, André, garde mobile. (Evacué d'*Oldenbourg* sur *Lingen*.)

Matras, Barthélemy, 99e ligne.   do

Mardy, François, 34e ligne, 1er b., 5e c. *Hôpital de réserve Lissa*.

Mangin, Jean-Bapt., 90e ligne.   do   *Dessau*.

Muraccioli, François, 41e ligne.   do   do

Magnienville (de), Georges, Rocrôi, 17e artillerie, 3e batt., maréchal-des-logis. *Hôpital de réserve, Schneidemühl*.

Müller, Charles, Strasbourg 2e dragons, 5e esc., brigadier. *Hôpital de réserve, Schneidemühl*.

Maire, Jos., Faverney (H.-Saône) 1er artill., 6e c.   do

Mongert, Victor, 69e ligne, caporal. (Evacué de *Teterchen* sur *Sarrelouis*)

Meurguet, Alexandre Gentilly, 100e ligne, caporal *Hôpital de réserve, Schneidemühl*.

Maître Edouard, Rebousière, 23e ligne. *Hôpital de réserve, Neuwie!*

Martin, Félix Remiremont, 2e ligne. do

Mathieu. Jean-Bapt., St-Georges, 70e ligne. do

Mourin, Charles, 2e gren. de la garde. do

Mettais, Pierre, Bompain, 10e ligne. do

Mathieu, Jean, Chalois, 54e ligne. do

Marsin Bertrand, Savre, 2e gren de la garde. do

Moreau, Martial, Favrie, 43e ligne. do

Mathieu, Félix, Paris, civil. do

Mingelle, François, Abournais 14e artill., typhus. *Hôpital de réserve, Marienbourg*.

Moreau. Jean, 73e ligne. 2e *Ambulance de Pont-à-Mousson*. (Guéri.)

Mieux, Paul, Pretteville 64e ligne, rhumatismes. *Hôpital militaire, Nancy*.

Marchand. Paul 7e dragons *Hôpital de réserve, Géra*.

Mase, Emile, St-Pierre (Pas-de-Calais), 65e ligne. *Hôpital de réserve Görlitz*.

Mangin, Auguste, 65e ligne, 1er b., 4e c., sergent, éclat de grenade au pied. *Ambulance de Pont-à-Mousson*. (Evacué.)

Massé, Jean 64e ligne, 3e b., 6e c., amputation de la cuisse (Renvoyé dans ses foyers).

Mouly, Jean, 1er chass à pied, 5e c. clairon, coup de feu au pied. (Renvoyé dans ses foyers.)

Morillon, Jules, 4e ligne. *Hôpital de réserve, Halle*.

Martin, Jules. 11e artillerie. 7e batt. Evacué sur l'*Hôpital de réserve, Halle*.

Madras Jean-Bapt., 41e ligne. do

Mang Edouard, 1er drag., 3e esc., brigadier. do

Martin. François, 4e drag., 4e esc. do

Meynier, Florimont, 5e d'artill., 7e batt. do

Moine, Honoré 99e ligne. Evacué de *Halle* sur *Wittemberg*.

Molignet, Jean, 58e ligne. do

Montubert, Jean, Audenas, 66e ligne 2e b., 2e c amputé de la jambe droite. *Hôpital mil, Forbach*.

Müller, Michel, Morsbach, 40e ligne, 3e b, 2e c., blessé au bras gauche. do

Maxer, André, Fruchtersheim, 63e ligne, 1er b 5e c., petite vérole. do

Maffre, Alexandre, 28e ligne, 3e b. 3e c. *Hôpital de réserve, Bromberg*.

Mazoic, Polycarpe, 15e chass. à pied. do

Malou. Pierre, 98e ligne, 2e b., 2e c. do

Maturin Thomas 33e ligne 1er b., 1re c. do

Maruer, Bapt. 66e ligne, 1er b., 6e c. do

Melay. Pierre, 54e ligne, 1er b, 2e c. do

Mauvoisin Edouard, 65e ligne, 1er b., 2e c. do

Mallet, Jules, 1er d'artill., 6e batt. do

Martin, Désiré 2e chass. à p. do

Maegrot, Jos., 20e do 6e c., caporal. do

Marchelitan, Jean 64e ligne, 3e b., 2e c. do

Million, Ignace, 10e ligne, 1er b, 6e c. do

Marie, Aimé, 65e ligne, 3e b., 3e c. do

Munier, Martel 15e ligne 2e b, 6e c. do

Menaur, Pierre, (Calvados), 6e ligne *Hôpital de réserve, Halle*.

Michelis, 6e chass. *Ambulance du 1er corps Boulay*.

Nedelaigue, Alin, 14e ligne. *Amb. Etapes, St-Mihiel*

Navinère, Jos, 8e ligne, 2e b., 2e c. (Guéri.) Evacué de *Lübeck* sur *Stettin*.

Nicolle, C, Châteauneuf, 3e zouaves, 2e b. 3e c. blessé Evacué sur *Minden*.

Namur, Ferd, St-Georges (Loir-et-Cher), 37e ligne. (Guéri) En caserne. *Leipzig*.

Notzel, Emile, Reims, 100e ligne, fourrier, rhumatismes. *Hôpital de réserve, Schöneberk*.

Nattier, Frédéric Meux, 2e drag, 3e esc. do

Nestor (Le), Jos.-Marie, 10e ligne. Evacué de *Hanovre* sur *Minden.*
Norguet, Louis, 54e ligne. *Hôpital de réserve, Dessau.*
Neuseventre, Frédéric Lembach, 65e ligne, caporal. *Hôpital de réserve, Neuwied.*
Noinville, Adolphe-Léon, 2e cuirassiers, brigadier. *2e Ambulance, Pont-à-Mousson.*
Nautzin, François, 19e ligne, 1er b., 2e c., sergent *Hôpital de réserve, Bromberg.*

Ottaviani, Antoine, Orbagalo (Corse), 58e ligne. *Hôpital d'Etapes, Halle.*
Olive, Math., (Pyrénées), 72e ligne, 2e b, 3e c., sergent Au dépôt des prisonniers, *Lingen.*
Olivier, Jean. (Ardèche), 52e ligne, 2e b., 1re c   do   *Minden.*
Odet, Louis, 54e ligne. *Hôpital de réserve, Dessau.*
Ourcel, Pierre, 4e ligne. *Hôpital de réserve, Neuwied.*
Ortola, 2e chass, 3e esc., brigadier. Evacué de *Boulay* sur *Sarrelouis.*
Ozan, Frédéric 6e chass. *Hôpital de réserve, Gera*
Octavi, Paul 25e ligne, 2e b. 2e c. blessé. *Hôpital de réserve, Francfort a.O.*
Odéro, Aug.-Henri-Fr. 17e chass. Evacué de *Hanovre* sur *Minden.*

Pinatel Th., 40e ligne. (Guéri.) Evacué d'*Oldenbourg* sur *Minden.*
Puch, Hippolyte Le Moulin, 40e ligne. *Hôpital Weinheim*
Prodin, René-Jos., (Mayenne) 60e ligne. *Maison mère St-Borromée Trèves.*
Perrin, Eug., Heurtier (Isère), 19e ligne. 1er b.   do
Peaumier, Jean, 11e ligne, coup de feu au bras. (Guéri.) Evacué d'*Oldenbourg* sur *Lingen.*
Pochet, Jacques ? génie, sous officier.   do
Pronaust, Jos., 70e ligne. *Amb. d'Etapes St-Mihiel.*
Pain, Louis, 12e chass. à pied, 5e c. (Guéri.) Evacué de *Lübeck* sur *Stettin.*
Prosnien, Victor, Birtencourt (Pas-de-Calais), 6e chass., 2e esc. *Maison mère St-Borromée, Trèves.*
Pourchet, Jos., Pontarlier (Doubs), 43e ligne, 1er b.   do
Petron, Jean-Baptiste franc-tireur, lieutenant, *7e ambulance du 6e corps. Villeneuve-St-Georges.*
　(Evacué.)
Piquet, Albert 11e ligne. *Amb. d'Etapes, St-Mihiel.*
Pare, Joseph 77e ligne, amputation du bras gauche. *Amb. du 10e corps, Pont-à-Mousson*
Potoyer Jules, 15e ligne. *1re Ambulance du 7e corps Ennery.*
Plantinet, Pierre, 70e ligne.   do
Pillé, Auguste Toulouse, 72e ligne. *Ambulance d'Etapes, Hamm.*
Poujo, Bernard, Catillon (Nord), 19e chass. *Hôpital d'Etapes, Hamm.*
Portail Charles, Prégros (Drôme), 10e ligne.   do
Periset, Emile-Nicolas, Florémont (Vosges) 69e ligne. *Hôpital de réserve, Hamm.*
Prévost, Henri Lauzanne, 73e ligne.   do
Philippi, J.-M.-J., (Manche), 10e ligne.   do
Puenne, Vinc, (Morbihan), 33e ligne.   do
Pélissier, Victor, La Charnaie 93e ligne.   do
Poysau, Léon. 4e ligne, amputation de la cuisse droite. *3e ambulance du 3e corps, Doncourt.*
Penèche, Jacob, 28e ligne, amput. de la cuisse gauche   do
Pottier, Louis, 57e ligne, caporal coup de feu à la cuisse gauche.   do
Petit, Jean, 93e ligne, coup de feu à la jambe droite.   do
Pertus, Jean, (Cantal) 2e grenad. de la garde, sapeur. Evacué d'*Osnabrück* sur *Minden.*
Peyrusse, Jacq., Vendesse (Gironde), 52e ligne, 3e b., 2e c.,   do
Prinat, Ph., Marnes, 64e ligne, 4e b., 5e c., caporal, fièvre.   do
Pierre A., 94e ligne 4e b., 4e c. Evacué d'*Osnabrück* sur *Lingen.*
Puillaugne, Jean, (Landes), 52e ligne 3e b., 3e c, ophthalmie. Evacué d'*Osnabrück* sur *Minden.*
Perette, Alexis, (Hérault), 49e ligne, 2e b., 2e c., sergent Evacué d'*Osnabrück* sur *Lingen.*
Panthière, Alfonse Franchebouche 8e chass. Evacué d'*Osnabrück* sur *Minden.*
Perruchot, Pierre, (Nièvre), 8e chass, à chev.   do

Petit, Martin, St-Ambroise, 34e ligne 3e b., 2e c., *Hôpital de réserve loge maçonnique, Altenbourg.* (Évacué.)

Proisy, Théodore. ? *Hôpital de Crefeld.*

Prieur, Narcisse 70e ligne, *Hôpital militaire, Berlin.*

Poitet, Félix, 50e ligne, paralysie. *Ambulance, Heidelberg.*

Paillier, Pierre, Lesneven, 50e ligne.   d°

Pinguet, Joseph, 63e ligne, blessé à la cuisse. *Ambulance Heidelberg.* (Guéri.)

Polyxenen, Louis, 13e ligne. *Hôpital de réserve, Frankenstein.*

Picard Th., 60e ligne, 1er b., 6e c., blessé. *Hôpital de réserve, Francfort a.O.*

Parquet, Alf., St-Pierre-les Calais 64e ligne, 4e b., 4e c. Évacué d'*Osnabrück* sur *Minden.*

Pacot Ancillon-Louis, Verchères (H.-Savoie), 68e ligne *Hôpital de réserve, Leipzig.*

Potitis, Arist., garde mobile, érysipèle.   d°

Planchard, François, St-Hilaire (Aisne), 68e ligne.   do

Ployette, Charles, Roubaix, 57e ligne, blessé à la cuisse Guéri, évacué sur *Dresden.*

Hostié, Yves, Finistère, 68e ligne.   d° en caserne, *Leipzig.*

Picard, Paul, Paris, 83e ligne, caporal.   do   do

Pichard, Victor, Château-Landon, 12e ligne.   *Hôpital de réserve, Schöneberck.*

Poitier, Jules, Bouxwiller, 90e ligne.   do

Pinel, Jean, St-Quentin, 1er train artill., 6e c.   d°

Pastre, Joseph, Florentin, 9e ligne.   do

Patrigeon, François, Primelle, 81e ligne.   do

Penissat, Sylvain, Vigoux, 11e chass. à pied.   do

Pelletier, Narcisse, Villemontais, 11e artill., blessé.   do

Pores, Charles, Boulogne-sur-Mer, 1er génie.   do

Paumé, Prosper, Valence, 4e artill.   do

Poilon, François, La Chapelle, 97e ligne.   do

Petit, Auguste, 2e chass. à chev., officier. *Hôpital de réserve, Oppeln.*

Pageot, Jules, 54e ligne, bronchite.   do   *Brandenbourg.*

Peillon François 2e marine. Évacué d'Oldenbourg sur *Lingen.*

Peter, Alphonse, 46e ligne.   Évacué de Hanovre sur *Minden.*

Prats, Etienne, 72e ligne.   do

Pavard, Jules, 33e ligne. *Hôpital de réserve, Dessau.*

Purneau, Joachim, 59e ligne.   do

Pasquette, Victor, 41e ligne.   do

Perron, Charles, Bayonne, 11e artill., 12e batt *Hôpital ae réserve, Schneidemühl.*

Petit, Louis, Vernou, 90e ligne, 3e b., 2e c.   do

Peyre, Victor, Brest, 44e ligne, 1er b., 2e c.   do

Pilon, François, 33e ligne. Évacué de Teterchen à *Sarrelouis.*

Pichot, Jean 65e ligne.   do

Patin, Charles, 59e ligne, 2e b., 2e c. *Hôpital de réserve, Schneidemühl.*

Paget, Augustin, St-Pol, 12e ligne, 1er b., 3e c.   do

Paret, Guillaume, Paris, 7e ligne, 3e b., 6e c.   do

Perron, Martin, (Corse) 98e ligne. *Hôpital de réserve Neuwied.*

Pierrat Alexandre, 43e ligne, catarrhe. *Hôpital de réserve, Marienbourg.*

Patissier, Jules, 61e ligne, 2e b., 6e c. 2e *Ambulance, Pont-à-Mousson.*

Petrick, Peter, 55e ligne. *Hôpital militaire, Nancy.*

Poulin, Jean-François, 2e chass., 3e esc., brigadier. Évacué de Boulay à *Sarrelouis.*

Parres, Théophile, (Drôme), 1er ligne. *Hôpital de réserve, Görlitz.*

Poutin, Charles, (Deux-Sèvres) 18e artill.   do

Petit, Etienne, 4e cuirass., 2e esc. *Ambulance, Pont-à-Mousson.* (Guéri et évacué.)

Papillon, Aug.-M., 8e ligne. *Hôpital de réserve, Halle.*

Parmentier, Jules-François, 44e ligne. do

Périgond, Alexandre, 1er ligne.   do

Peuquet, François, 71e l., serg.-four.   do

Pascalini Valentin, 20e chass. à pied, 3e c. Guéri, évacué de *Halle* sur *Wittenberg.*

Pallet, Paul, 25e ligne.   do

Paradis, Antoine 45e ligne. Évacué de Halle sur *Wittenberg*
Piral, Antoine 66e ligne.   do
Petit-Colas Adrien, 75e ligne.   do
Pasquelin, Claude Château-Chinon 17e artill., artificier *Hôpital militaire, Forbach.*
Pondroy, 54e ligne. *Ambulance de la 1re Armée, Boulay.*
Ponecht, Louis, 59e ligne. 1er b., 6e c. *Hôpital de réserve, Bromberg.*
Pascal, Roland, 13e ligne, 3e b., 6e c.   do
Puybarrot, François, 10e cuirass., 4e esc.   do
Prudent, César, 26e ligne, 3e b. 4e c.   do
Péliger, Edouard, 1er dragons, 4e esc.   do
Prange, Alexis, 11e artill., 9e batt.   do
Potest, Const., 2e hussards, 6e esc., brigadier.   do
Pichin, 85e ligne 3e b., 3e esc.   do

Quesnel, François, (Manche), 8e chass., 2e b , 2e c. Dépôt des prisonniers de guerre, *Lingen.*
Quittezel, Jos.-Marie, 65e ligne. *Hôpital militaire, Berlin.*
Queret Louis, civil, coup de feu à l'épaule. *12e Ambulance du 5e Corps Versailles.* (Évacué.)
Quasail, Lucien Nanterre 1er voltigeurs de la garde. *Hôpital de réserve. Neuwied*
Querbe, Jean, 67e l'gne, 3e b. 3e c., coup de feu à la cuisse. Renvoyé dans ses foyers le 19 Novembre.

Renaudot, François, 91e ligne. Guéri, évacué d'Oldenbourg à *Lingen.*
Rageot, Emile, Niort, 2e chass. à chev., 2e esc. *Maison-mère St-Borromée, Trèves.*
Rubain, Antoine garde mobile. Guéri, évacué d'Oldenbourg sur *Minden.*
Raffali, 79e ligne. Guéri, évacué d'Oldenbourg sur *Lingen.*
Roum, garde mobile   do
Ray. Léopold Pont (Charente) 7e ligne 3e b., 1re c., petite vérole. *Hôpital de la Charité, Berlin.*
Raba-ben-Abdallah, 2e turcos contusion au dos. *Hôpital de réserve, Nordhausen.*
Revillet, Louis, 98e ligne, sergent, coup de feu à la jambe. *Ambulance du Collège, Pont-à-Mousson.* (Guéri)
Rolandes. Jules, 93e ligne. *1re Ambulance du 7e Corps. Ennery.*
Roché Jean, Escource (Landes), 58e ligne. *Ambulance d'Etapes Hamm.*
Richard, Louis-Joseph, Desavignes (Isère), 1er génie.   do
Riegne, Emile, (Eure), 71e ligne. *Hôpital de réserve, Hamm.*
Rimbaud, Jean, St-Hilaire (Vendée), 100e ligne. do
Roques, François, Verdun 18e artill.   do
Richette, Hippolyte, St-Martin (Manche), 65e l do
Receveur. Jean Bapt., Bar-le-Duc, 60e ligne, 3e b , 8 c. Évacué d'Osnabrück sur *Lingen.*
Rigaut, Théod (Charente-Inf.), 49e ligne, 2e b., 1re c., tuberculose.   do
Remy, Louis, Verdun, 64e ligne, 4e b., 5e c. Évacué d'Osnabrück sur *Minden.*
Richard, Alfred, Rouen. 1er chass. *8e Ambulance du 13e Corps, Siegbourg.*
Rosseau, Antoine. 54e ligne. *Hôpital militaire, Berlin.*
Rivette, François-Xavier, Rouen. 28e ligne, blessé à la cuisse. *Ambulance, Heidelberg.*
Raynaud, Jean, 20e chass., 2e c., blessé à la tête.   do
Riebert Félix, 78e ligne, blessé.   do
Rosier, Claude, 51e ligne, 1er b. 2e c., blessé. *Hôpital de réserve, Francfort s/O.*
Rotte, Jean, (Finistère), 51e ligne, 2e b., 5e c., blessé.   do
Rivier, Pierre, 1er génie. Contusion à la poitrine. Évacué de Butzow sur *Schwerin.*
Riebert, Victor (Aisne), 3e génie, caporal. Évacué d'Osnabrück sur *Lingen.*
Rossignol, Jean-Paul, Port de St-Cyr (Lot), lanciers de la garde. *Hôpital de réserve 1, Leipzig.*
Rives, Auguste, Belchat (Ardèche), 18e artill., 6e b.   do
Rault, Victor, (Côtes-du-Nord), 4e lanciers, 2e esc. Guéri, en caserne, *Leipzig.*

Roche, Victor-Aimé, (Jura), 66e ligne. Guéri, évacué sur *Dresden*.

Roy, Pierre, 2e chass. d'Afr., 2e esc *Hôpital de réserve, Schönebeck*.

Renard, Louis, 90e ligne.   do

Renaud Benoît, Fressy, 1er train d'artill., 6· c.   do

Roure, Jean Lyon, 70e ligne.   do

Renvéré, Louis, Ranzay, 44e ligne.   do

Ravé, Jean, Bergerac 81e ligne.   do

Robert, Jean, Périgueux, 81e ligne.   do

Rousseau, Ambroise, Lucy-le-Bois, 1er ligne   do

Rollert Pascal, 3e ligne. Évacué de Hanovre sur *Minden*.

Ribaille, Victor-Léon, 24e ligne.   do

Roth, Charles, 74e ligne, caporal. *Hôpital de réserve, Weimar*.

Rousselle, Louis-Charles, Belleville, 94e ligne, capitaine. jaunisse. *Hôpital de réserve, Cottbus*

Ruperich, Pierre-Jean, Sarreguemines, 1er ligne, 1er b., 1re c.   do

Ratteau, François 29e ligne sapeur. *Hôpital de réserve, Dessau*.

Reymon, Jean, 87e ligne.   do

Royer Léopold Rouen, 11e artill., 5e b. *Hôpital de réserve. Schneidemühl*.

Rouet, Georges, Chateauroux, 43e ligne, 1er b 5e c.   do

Rougirel, Arthur, Poussey (Vosges), 4e art. 8- batt.   d°

Remond, Étienne 64e ligne. *Hôpital de réserve, Zeitz*. (Évacué.)

Roux, Joseph Faverges, 73e ligne, 1er b., clairon, amputé de la jambe gauche *Hôpital de réserve, Zeitz*.

Roux, François, 6e lanciers, trompette. Évacué de Hanovre sur *Minden*.

Revefeuille, Célestin St Pierre-la-Garonne, 70e ligne. *Hôpital de réserve, Neuwied*.

Rominique, François, 5e chass.   do

Regier, P.-François, Granville, 20e chass. à pied, 4e c.   do

Razout (de), Félix 71e ligne sergent major.   do

Rosille Hippolyte, 99e ligne 2e *Ambulance, Saverne*. (Évacué.)

Rouger, Auguste, 53e ligne. *Hôpital de réserve, Gera*.

Roger, Geoffroy, 2e zouaves. Guéri, évacué de Halle sur *Wittenberg*.

Reboutet Auguste, 81e ligne   do

Rossignol, Alexandre 7e artill., 7e batt., blessé à la cuisse. *Hôpital militaire, Forbach*.

Routy Modeste, 84e ligne.   do

Renau, 78e ligne. *Ambulance de la 1re Armée, Boulay*.

Reitz, Jean-Bapt., 2e génie. *Hôpital de réserve, Bromberg*.

Ronamin, Pierre, 1er ligne, 1er b., 4e c. do

Reymann, Louis, 15e ligne, 2e b., 3e c.   do

Sauval, Jean ou Arthur, garde mobile. Guéri. Évacué d'*Oldenbourg* sur *Lingen*.

Segrette, 94e ligne.   do   do   *Minden*.

Saïd-ben-Ahmet, 2e turcos.   do   do   *Lingen*.

Simonot, Henri 17e ligne, 2e b., 5e c. *Ambulance d'Étapes, St-Mihiel*.

Shaise Antoine, 61e ligne, sergent.   do

Selesta Basile, 4e ligne, 3e b., 3e c. Guéri Évacué de *Lubeck* sur *Stettin*.

Sénéchal, Adolphe, génie. 2e *Ambulance du 3e corps, Tours*.

Sangon Jos., 11e ligne. *Ambulance d'Étapes, St-Mihiel*.

Schmit, Louis, 61e ligne, caporal.   do

Schaedelin, 14e ligne, sergent.   do

Sarazin, 82e ligne. Guéri. Évacué de *Francfort* sur *Leipzig*.

Saint-Antonin, (Garonne), 55e ligne. contusion au genou. *Ambulance du 10e corps, Pont-à-Mousson*.

Saulvier, J.-B., Moutiers (Pas-de-Calais), 21e ligne, caporal, coup de feu à la cuisse. *Hôpital St-Charles, Pont-à-Mousson*. Guéri.

Strauch, François 1er artill., 1re *Ambulance du 7e corps, Ennery*.

Somme, Jean, 17e ligne. Evacué d'*Ennery* sur *Metz*.
Strabel, Jean, (H.-Rhin). 49e ligne. *Ambulance d'Etapes, Hamm*.
Sistan, Justin, 40e ligne.   do
Saudemont, G., (Pas-de-Calais), 97e ligne.   do
Stevart, Jos.-Louis Paris, 23e ligne.   do
Silly, M.-S.-L., Bremont-les-Autels (Loire), 19e ligne. *Hopital de réserve, Hamm*.
Savres, François, Plouguer (Finistère), 33e ligne.   d°
Schmidt, Ignace, 57e ligne, fracture par balle. *3e Ambulance du 3e corps, Doncourt*.
Saïd-ben-Aïssa, 1er turcos, 2e b., 6e c., caporal, fièvre intermittente. *Hopital de réserve, Osnabrück*.
Sallenave, Charles, St-Palais (Pyrénées), 79e ligne. 1er b. Dépôt des prisonniers de guerre, *Lingen*.
Sabatier, Georges, Agde (Hérault), 52e ligne, 3e b., 3e c.   do   *Minden*.
Sassuie, Jules, Blois, 1er chass. à chev., 5e esc. *Hopital de réserve, Weïmar*.
Sallé-Bellé, 76e ligne, blessé au pied droit. *Hôpital de réserve 2, Leipzig*.
Sutter, Jacques, Plotzbeim, 12e ligne, 2e b. 6e c., blessé. *Hôpital de réserve, Francfort a/O.*
Schwaebel, Jean, Ste-Marie, 55e ligne, blessé à la jambe.   do
Schneider, Jules, Meudon, 2e génie, 2e b., 11e c. Evacué *d'Osnabrück sur Minden*.
Saïd ou Amara, 1er turcos, 2e b., 4e c., sergent.   do
Soubagne, Jean, Montmarteaux, 2e génie, 1er b., 11e c.   do   *Lingen*.
Singre, Gustave, Versailles, chasseurs de la garde, caporal. Evacué de *Leipzig* sur *Dresden*.
Stemmer, Jacob, Lampertheim (B.-Rhin), 68e ligne, *Hôpital de réserve 1, Leipzig*.
Savariau, Pierre, Aulnes, 8e dragons, 1er esc., *Hopital de réserve, Schönebeck*.
Simon, Baptiste, Rennes, 12e ligne.   d°
Surmely, Joseph, 2e chass. à chev. *Hôpital de réserve, Oppeln*.
Savalle, Emile, 61e ligne. Evacué de *Hanovre* sur *Minden*.
Siau, Franç.-Frédéric, 41e ligne. *Hopital de réserve, Dessau*.
Seynot, Pierre, (Gironde), 81e ligne, 2e b., 6e c. *Hopital de réserve, Schneidemühl*.
Spohn, André, 99e ligne. Guéri. Evacué de Hanovre sur *Minden*.
Soley, Claude, Dijon, 81e ligne, 1er b., 4e c., *Hôpital de réserve, Schneidemühl*.
Sirlain, Louis, 62e ligne. *Hôpital de réserve, Neuwied*.
Stein, Georges, 43e ligne.   d°
Savigny, Philippe, 75e ligne, 1er b., 3e c., *Ambulance du Séminaire, Pont-à-Mousson*.
Schätzel, Jean, cuirass de la garde, 3e esc. *Hôpital de réserve, Halle*.
Simonnet, Baptiste, chass. à pied   do
Sarda, Etienne, (Aisne). 7e chass. *Hôpital, Baraque 1, Berlin*.
Sabatier, Louis, 26e ligne. sergent-major. Guéri. Evacué de *Halle* sur *Wittenberg*.
Sandon, Pierre, 72e ligne, sergent.   do
Suire, Emile, 75e ligne.   do
Saboureau, Louis, 90e ligne.   do
Simonet, 12e ligne. *Ambulance du 1er corps, Boulay*.
Schulgrat, Jean-M., 10e ligne, 3e b., 3e c., *Hôpital de réserve, Bromberg*.
Saunier, Alph., 41e ligne, 2e b., 6e c.   do
Salomon, Isidore, 44e ligne, mutilation de la jambe droite. *Ambulance, Les Etanges*.
Sauvage, Charles, 91e ligne, 3e b., 2e c. *Hôpital de réserve, Bromberg*.
Sady, Fr., 99e ligne. Guéri. Evacué d'*Oldenbourg* sur *Lingen*.

Tannière, François, 40e ligne. Guéri, évacué d'Oldenbourg sur *Lingen*.
Talet, Georges, (Dordogne), 54e ligne, 3e b, 6e c. *Maison mère des Sœurs St.-Borromée, Trèves*.
Thillaud, 52e ligne. Guéri et évacué d'Oldenbourg sur *Lingen*.
Toussaint, Joach., 11e ligne, 1er b., 5e c. *Ambulance d'Etapes St-Mihiel*.
Thiébault, Math., train des équip.   do
Thibout, Benjamin, St-Florens, 1er train, 6e c. *Hôpital militaire, Nancy*.
Thirion, Nicolas, 67e ligne, mutilation de la jambe. *Ambulance, Pont-à-Mousson*. (Guéri.)
Triplet, Simon. 2e chass. à pied. 1re *Ambulance du 7e Corps, Ennery*.
Tarko, Jean, 3e dragons.   do

Tulard, Ernest, 3e dragons. *1re Ambulance du 7e Corps, Ennery*.
Thomas, Antoine, (Puy-de-Dôme), 40e ligne. *Hôpital, Ecole de tir, Hamm*.
Tacussel, Jos , Laudin (Gard), 77e ligne. *Ambulance d'Etapes, Hamm*.
Tayons, Pierre-Marie (Morbihan), cuirass. de la garde. do
Truchet, François, (Vaucluse). 7e ligne. *Hôpital de réserve, Hamm*.
Tangel, Victor, 1er ligne. do
Tafreches, François, (Finistère), 33e ligne. do
Tremble, Jean-Ant., 1er dragons., mutilation du genou. *3e Ambulance du 3e Corps, Doncourt*.
Thebaut Const., Becherel (Ille-et-Vilaine) 2e marine, 3e b. *Hôpital de réserve, Osnabrück*.
Troget, François, (Maine-et-Loire), 82e ligne 3e b.. 3e c. Evacué sur le dépôt des prisonniers, *Lingen*.
Tuot, Jules, Sédan, 40e ligne, 4e b. 1re c Evacué sur le dépôt des prisonniers, *Lingen*.
Tournier, Jean-Bern., St-Soulau, 34e ligne 2e b., 2e c. *Hôpital Loge maçonnique, Altenbourg*.
Turbé, Charles-Henri, 54e ligne, caporal. *Hopital de réserve, Frankenstein*.
Thiebaux, Charles, (Meuse), 18e artill., sergent. *Hopital de réserve 1, Leipzig*.
Tremouillère, François, Castelmaurou (H.-Gar.), 8e art., 8e b. do
Tranchot, Nicolas, 59e ligne. *Hôpital de réserve, Dessau*.
Thuillier, Jean, (Moselle). 1er artill., 6e batt. *Hopital de réserve, Schneidemühl*.
Thevenin, Gilbert, (Nièvre), 4e ligne, do
Thiervoz Jos., la Chambre (Savoie), 51e ligne, 1er b., 5e c. do
Tellier, Alfred, Etricourt (Somme), 8e artill., 5e batt. do
Tirdion, Pierre, 5e chass. à pied, caporal. *Hopital de réserve. Neuwied*.
Talmat, Joseph, Rigny, 18e ligne, sergent-fourrier. do
Tuillier, Alcide, 64e ligne. do
Taudier, Jean, 74e ligne. *Ambulance, Pont-à-Mousson*. (Guéri et évacué.)
Touque, Jean-Marie, 19e ligne, caporal. *Hopital de réserve. Halle*.
Tillet, Ernest, 41e ligne caporal. do
Travers, Aug., 10e ligne. Guéri et évacué de Halle sur *Wittenberg*.
Tanton, Jean, 32e ligne, 1er b., 4e c , blessé au coude. *Hopital militaire, Forbach*.
Théobald, Emile, Verneville, garde mobile, caporal, petite vérole. do
Tourner, Dés., 76e ligne. *Hôpital de réserve, Bromberg*.

Varenne, Paul, 27e ligne. Guéri. Evacué d'*Oldenbourg* sur *Lingen*.
Veyron, Hilarion, 63e ligne. *2e ambulance du 3e corps, Toul*.
Vesnier, Jean, 46e ligne. *Hôpital d'Etapes, St-Mihiel*.
Victor, François, St-Christophe (Cher), 72e ligne. *Hôpital d'Etapes, Hamm*.
Vaugandy, Alph., Samure (Loire), 82e ligne do
Valady, Elie, 10e dragons. do
Vassault, Sid , Palluau (Indre), 71e ligne. *Hôpital de réserve, Hamm*.
Vignocoud, Franç., St-Loire (Loire), 98e ligne. do
Varvout, Jean, (Seine), 43e ligne. do
Veinachter, Michel, 1er ligne, amputé de la jambe gauche. *3e Ambulance du 3e corps, Doncourt*.
Vignon, Mar., 57e ligne, lieutenant, blessé à la cuisse. do
Valdenaer, Charles, (Vosges), 88e ligne, 1er b., 3e c. *Hopital de réserve, Osnabrück*.
Vassaut Jos., Argenteuil, 79e ligne, 3e b., 1re c. Evacué d'*Osnabrück* sur *Minden*.
Vic, Pierre, (Puy-de-Dôme), 45e ligne, 2e b., 1re c. Au dépôt des prisonniers de guerre, *Lingen*.
Vidal, Antoine, St-Léger (Aube), 2e génie. do
Villard, Nic., 10 artill. *Hôpital, Loge maçonnique, Altenbourg*.
Villet, Louis, 2e zouaves, 1er b., 6e c. do
Valtat, Gust., Paris, 34e ligne, sergent. do
Venisse, Louis, 54e ligne. *Hopital militaire, Berlin*.
Vespo, Adrien, E. M., Blois, 73e ligne, blessé au dos. *Ambulance, Heidelberg*.
Vivier, François, 69e ligne, 1er b., 6e c. *Hopital de réserve, Francfort a/O*.
Vincent, Edouard, 41e ligne. *Hopital de réserve, Schönebeck*.
Viry, Barthél., 59e ligne. do

Valageos Pierre, 11e dragons, 5e esc. *Hôpital de réserve, Brandenbourg.*
Valette, Jacques, 28e ligne. Évacué de *Hanovre* sur *Minden.*
Vautrin, Joseph. 47e ligne, 1er b., 5e c., amputé du bras droit. *Hôpital de réserve, Lissa.*
Ville, Henri-Victor, 13e ligne, 1er b., 2e c., coup de feu à la cuisse g.   do
Vollet, Jean-Franç , 95e ligne, caporal.   do   *Dessau.*
Veyzard, Louis, Etampes, 80e ligne.   do   *Schneidemühl.*
Véry, Charles, Lunéville 19e ligne, musicien.   do   do
Vautrin, Alph., Degneuville (Vosges) 13e artill , 9e batt , mar.-des-logis.   do   do
Vernet, Henri. Berlats, zouaves de la garde. *Hôpital de réserve, Neuwied.*
Vincent, Nicolas, 7e dragons,   do   *Gera.*
Villechauvin. Jean, 28e ligne, coup de feu au pied droit. Renvoyé dans ses foyers le 15 No-
  vembre.
Vouloup, Louis. 73e ligne. *Hôpital de réserve, Halle.*
Vincenti Joseph, 32e ligne, 1er b., 5e c. blessé au coude. *Hôpital militaire, Forbach.*
Volnet, Antoine, 32e ligne, 2e b., 2e c.,   do   do
Veillard, Jean, Chatillon, 24e ligne, 2e b., 5e c , typhus.   do
Vautrin, 19e ligne. sergent. *Ambulance du 1er corps, Boulay.*
Vogel, Georges, 54e ligne, 2e b., 2e c. *Hôpital de réserve, Bromberg.*
Vincent, Henri, 64e ligne, 1er b., 5e c.   do
Vannier, Emile, 1er artill.   do

Wackermann, Jean, 29e ligne. *Hôpital de réserve, Dessau.*
Walther, Fréd., Bouxwiller (B.-Rhin), 90e ligne. 3e b , 1re c. *Hôpital de réserve, Schneidemühl.*
Wernert, Georges, 2e marine, 2e *Ambulance, Saverne.* (Évacué.)
Wenk, Jean, 3e ? *Hôpital de réserve, Halle.*
Weber, Jean-Baptiste, 73e ligne. *Hôpital de réserve, Halle.*
Wenzel, Aloys, 43e ligne, 1er b., 4e c. *Hôpital de réserve, Bromberg.*
Wendling, Georges, 15e ligne, 1er b., 3e c.   do

Ysoux, Jos., 2e chass. d'Afrique, 6e esc. *Hôpital St-Anne, Lübeck.*

Zimmermann, Martin, Colmar, 34e ligne. *Hôpital Loge maçonnique, Altenbourg.*
Zabé, Nicolas, 89e ligne, caporal. Guéri. Évacué de *Halle* sur *Wittemberg.*

LISTE DE DÉCÈS

Aufray, Jules, Avranches, franc-tireur. — le 9 Sept. *Clermont en-Argonne*.
Ameur, Pierre, blessé au dos.   do
Aubert, Joseph. Fantouville (Meurthe), 17e artill , pneumonie. — le 15 Nov., *Glogau*.
Abisset, Const , 53e ligne, fièvre typhoïde. — le 8 Nov., *Torgau*.
Andouche, Gust.. 1er train d'artill., fièvre typhoïde. — le 17 Nov., *Torgau*.
Artus, Jean-Bapt., 34e ligne. fièvre typhoïde. — le 15 Nov. *Wittenberg*.
Alain, Jean, Quenien (Finistère), 8e ligne. fièvre typhoïde. — le 18 Nov., *Neisse*.
Aglor, Louis, 59e ligne, phthisie. — le 19 Nov., *Danzig*.
Anjoux, Joseph, Froges (Aube) 13e chass. à pied, blessé d'un coup de feu. — le 27 Oct. *Wittenberg*.
Augard. Adrien-Ferd., Frèsne (Manche), 51e ligne. blessé d'un coup de feu. — le 18 Sept.   do
Allié, Victor, (Meurthe), 25e ligne, coup de feu à la poitrine. — le 21 Sept., *Wittenberg*.
Alvene, Victor, (Loiret), 24e ligne, fièvre typhoïde. — le 31 Sept., *Wittenberg*.
Antz, Hubert, Fegersheim (B-Rhin). 3e marine, caporal, fièvre typhoïde. — le 4 Octobre, *Wittenberg*.
Aberjoux, Aimable, Privas (Ard.), 36e ligne, fièvre typhoïde. — le 10 Octobre, *Wittenberg*.
Assiet, Jean, Beaumont (H.-Gar.). 72e ligne, fièvre typhoïde. — le 14 Octobre, *Wittenberg*.
André, Ferdinand, (Vienne), 2e marine, fièvre typhoïde. — le 14 Octobre, *Wittenberg*. ·
Aragnouet, Jean-Marie, Curdis (H.-Pyr.) 33e ligne. fièvre typhoïde. — le 25 Octobre, *Wittenberg*.
Aulas, Victor, St-Germain-la-Montagne (Loire). 98e ligne, fièvre typhoïde. — le 17 Oct., *Wittenberg*.
Aubert, Jean-Pierre, Billot (Haute-Marne), 13e ligne, fièv. typh. — Wesel, 28 Novembre.
Ancel, Antoine, 84e ligne, fièv. typh. — Mayence, 30 Novembre.
Anfry, François, 10e artillerie, pneumonie. — Erfurt, 25 Novembre.
Auvray, Remy, Machauef, cant. du Chatelet (Seine-et-Marne), 14e ligne, caporal , fièv. typh. — Car-
    thausen, 22 Novembre.
Amort, Adolphe, Esnoms, canton Prauthoy, (Haute-Marne), 89e ligne, fièvre typh. — Carthausen,
    22 Novembre.
Auclès, Jean, Momarat (Allier), 14e chasseurs, diarrhée. — Glogau, 5 Décembre.
Anzoult, Emile, 41e ligne, dyssenterie. — Spandau, 4 Décembre.
Arrizet, Christophe, 3e chasseurs, dyssenterie. — Mayence, 4 Décembre.
Aubin, Pierre, (Seine-Infér.), 1er génie, fièv. typh. — Stettin, 29 Novembre.
Algand, Pierre, Lerras (Loire-Inférieure), 62e ligne, tuberculose. — Posen, 30 Novembre.
Aguguet, Isidore. 11e chasseurs, dyssenterie. — Mayence, 5 Décembre.
André, Louis, Avignon, 3e garde imp. fièv. typh. — Neisse, 5 Décembre.
Adam, Pierre, 15e chasseurs, fièv. typh. — Danzig, 8 Décembre.
Aubert, Anatole, 4e marine,   do   Erfurt, 5 Décembre.
Artzner, Charles-Théodore, 2e ligne, fièv. typh. — Torgau, 3 Décembre.
Ali-Ben-Haouissen, 3e turcos, blessé à l'épaule. — Donchéry, 3 Septembre.
Auricoste, Pierre, 95e infant., dyssenterie. — Minden, le 10 Novembre.
Antoine Etienne, garde mobile, fièvre typhoïde. — Coblence, le 20 Novembre.
Aucaigne, François, 84e ligne, fièvre typhoïde. Mayence, le 21 Novembre.
Armand, Antoine, Longeray, canton Collonges (Ain), 3e train, petite vérole. — Carthausen, le 13 No-
    vembre.

Aiguicque, Jean-Baptiste, au Tillot (Vosges), 4e cuirass., fièvre typhoïde. -- Carthausen, le 17 Novembre.

Androin, Jules, 81e ligne paralysie des poumons. — Königsberg, le 22 Novembre.

Alexandre, Alphonse, 12e dragons, fièvre typhoïde. — Torgau, le 21 Novembre.

Alline, Hippolyte, 65e ligne, fièvre typhoïde. — Torgau, le 23 Novembre.

Andries, François-Victor, 5e artill., fièvre gastrique. -- Glogau, le 28 Novembre.

Adelis, Jean-Pierre, Monterblanc (Morbihan), 10e ligne, fièvre typhoïde. — Wesel, le 25 Novembre.

Aubé, Eugène Alphonse, La Folletière, Pavilly (Seine Infér.), 65e ligne, dyssenterie. — Thorn, le 24 Novembre.

Audran, Jean Marie, Baud (Morbihan), 1er chass. d'Afrique, dyssenterie. — Stettin, le 21 Novembre.

Aveline, Jean, Ilte-Colombe (Maine-et-Loire), 51e ligne, dyssenterie. - Stettin, le 22 Novembre.

Augustin, Jean, Beauvillers (Meurthe), 15e ligne, fièvre typhoïde. — Glogau, le 17 Novembre.

Assumel-Lurdin, Jean-François, Poisat, canton Nantua (Ain), 59e ligne, pneumonie. — Thorn, le 25 Novembre.

Alexandre, Alphonse, Sculles (Calvados), 12e dragons, variole. — Torgau, le 21 Novembre.

Alin, Hippolyte, Lunéville (Seine Inférieure), 65e ligne, fièvre typhoïde. — Torgau, le 23 Novembre.

Briaud, Etienne, garde mobile, phthisie. — le 22 Octobre, *Oldenbourg*.

Boufet, Alf., Vorsennes, 63e ligne, pet.-vérole. — le 14 Septembre, *Clermont en Argonne*.

Bisot, Dominique, Grande Côtes (Marne), garde mobile, coup de feu au coude gauche. — le 17 Sept., *Clermont en Argonne*.

Bannier, François, St-Etienne 52e ligne, 1er b, 4e c., coup de feu à la jambe gauche. — le 5 Novembre *Châlons-sur-Marne*.

Boulle, Jean, 33e ligne, coup de feu à la jambe droite. — le 7 Novembre, *Pont-à-Mousson*.

Barbezat, Eugène, 76e ligne, coup de feu à la poitrine. — le 29 Août, *Etain*.

Baduin, Jean, Lancraus (Ain), 23e ligne. — le 8 Septembre, *Hamm*.

Bergère, Ferd., Châlons, 79e ligne 2e b., 2e c. — le 31 Octobre, *Lingen*.

Buguet, François, Moret, 9e sect. d'inf., dyssenterie. — le 31 Octobre, *Châlons-sur-Marne*.

Bourgeois, Joseph, garde mobile. — *Crefeld*.

Bouvier, J.-Louis, Blussy (H.-Savoie), 2e grenad. de la garde, bronchite. — le 16 Octobre *Leipzig*.

Boisselier Pierre, 65e ligne, bronchite. — le 14 Novembre, *Brandenbourg*.

Berrinel, Jul., 68e ligne, 3e b., 6e c., dyssenterie. — le 15 Novembre, *Pont-à-Mousson*.

Boulogne, Aug., 19e chass., fièvre typhoïde — le 5 Novembre, *Coblence*.

Benotru, Jean, 13e artill., dyssenterie. — le 14 Novembre, *Mayence*.

Betiot, Jules, Canton de Fousy (Yonne), 4e inf. de marine, fièvre typhoïde — le 2 Nov., *Carthausen*.

Bouvert, Michel, Canton d'Arras, 4e cuirass., fièvre typhoïde. — le 5 Novembre, *Carthausen*.

Barbillon E.-V.-Dés., Canton de Colombay (Meurthe), 16e artill., fièvre typhoïde. — le 7 Novembre. *Carthausen*.

Bancillon, Barthelemy, Canton de Neufchâtel (Loire), 18e artill, pneumonie. — le 10 Novembre, *Carthausen*.

Bernard, Thomas, 7e artill., fièvre typhoïde. — le 11 Novembre, *Erfurt*.

Bariel, Jean-Baptiste, 5e artill., maréchal-des-logis, fièvre typhoïde. — le 18 Novembre, *Torgau*.

Blot, François, Ingres (Loiret), franc-tireur, dyssenterie. — le 7 Novembre, *Stettin*.

Bomot, Charles, 55e ligne, fièvre typhoïde. — le 13 Novembre, *Torgau*.

Bastie, Pierre, Couzilles (Lot), 88e ligne, fièvre typhoïde. — le 29 Novembre, *Breslau*.

Brunet Jacques, 32e ligne, fièvre typhoïde. — le 14 Novembre, *Erfurt*.

Boisseau, Jean, 77e ligne, caporal, fièvre typhoïde. — le 15 Novembre, *Erfurt*.

Baglien, Louis, 16e artill, dyssenterie. — le 19 Novembre, *Mayence*.

Bourgeon, Sébastien, zouaves de la garde, pneumonie. — le 19 Novembre, *Mayence*.

Bechary, Antoine, 15e artill., rupture d'un anévrisme. — le 19 Novembre, *Mayence*.

Basset, Mathurin, 70e ligne, caporal, fièvre nerveuse. — le 20 Novembre, *Cosel*.

Bichard, François. 84e ligne, fièvre typhoïde. — le 21 Novembre, *Mayence*.

Bichard 75e ligne, fièvre typhoïde — le 12 Novembre, *Wesel*.

Burgnière, Jean-Antoine, St-Saturnin (Aveyron), 3e chass. d'Afrique, fièvre typhoïde. — le 13 Nov. *Wesel*.

Ben-Aïl, turcos, coup de feu à la cuisse droite. — le 22 Août *Wittenberg*.

Berbey, Antoine, Rios (Alp. Marit.), coup de feu à la tête. — le 9 Septembre, *Wittenberg*.

Bardeloy, Jean, (Vienne) 14e chass., fièvre typhoïde. — le 1er Octobre,   do

Brossy, Jean-Louis, (Loire), 9e ligne,   do   — le 4 Octobre,   do

Bouché, Jean-Bapt., (Loire) 62e ligne   do   — le 5 Octobre,   do

Brugant, Constantin, (Pas de Calais), 62e ligne, fièvre typhoïde. — le 7 Octobre,   do

Becard, Léon, Valenciennes, 9e artill., fièvre typhoïde. — le 7 Octobre,   do

Bennard, François, (Vienne), 2e inf de marine, fièvre typhoïde. — le 9 Octobre,   do

Bertrand, Charles, Beaumont (Aisne), 8e ligne, fièvre typhoïde. — le 11 Octobre,   do

Boutin, Pierre, Lemoing (Vienne), 2e inf. de mar., fièvre typhoïde. — le 15 Oct.,   do

Boulicault, Philibert, Cormont (Côte-d'Or), 2e inf. de mar., fièvre typhoïde. — le 20 Oct., *Wittenberg*.

Bellet, Alexandre, Bourges, 8e ligne fièvre typhoïde. — le 21 Octobre. *Wittenberg*.

Bivard, Jules, Luzole (Sarthe), 2e train, fièvre typhoïde. — le 25 Octobre *Wittenberg*.

Barbier, Jules, (Sarthe), 61e ligne néphrite. — le 20 Septembre,   do

Bessé, 89e ligne. — le 19 Septembre, *Wittenberg*.

Bordun, Emile, (Nord), 57e ligne, pyamie. — le 30 Septembre, *Wittenberg*.

Briantès, Louis, (Ille-et-Vil), 20e ligne, fièvre typhoïde. — le 28 Octobre *Wittenberg*.

Bretons, Auguste, Barterouse (Aube), fièvre typhoïde. — le 30 Octobre   do

Boulnois, Charles, Paris 3e ligne hémorragie. — le 2 Septembre, *Wittenberg*.

Bonnerie, Pierre, La Roche (Dordogne), 71e ligne, blessé — le 4 Sept., *Wittenberg*.

Bachelard Auguste, Chalais (Jura) 17e chass., blessé. — le 10 Septembre. *Wittenberg*.

Bouzet, Pierre, Marcillac (Gironde). 56e ligne. — le 9 Septembre,   do

Buzon Isidore, (Ille-et-Vil). 8e ligne. — le 17 Septembre,   do

Barthelemy. Peter, train des équip., typhus. — le 17 Novembre, *Hopital militaire, Forbach*.

Berthier, Emile, Chérvilly (Saône-et-Loire), 65e ligne, blessé. — le 4 Octobre. *Wittenberg*.

Beauquis Jean, Meuret (H.-Saône), 8e ligne, dyssenterie. — le 22 Septembre,   do

Barret, Claude, Creuzot (Saône-et-Loire), 62e ligne, fièvre typhoïde. — le 9 Octobre, *Wittenberg*.

Brée, Louis, (Calvados), 7e ligne dyssenterie. — le 14 Octobre *Wittenberg*.

Boudar, François, Bréau (Morbihan). 26e ligne, dyssenterie — le 24 Octobre, *Wittenberg*.

Bourgeois, Louis-Alfred, 76e de ligne, fièvre gastrique. — Glogau, 1er Décembre.

Barette, Jean-Baptiste Jurançon (Basses-Pyrénées), 85e ligne caporal. fièv. typh. — Neisse, 28 Novembre.

Beaumier. Pierre, 54e ligne, fièv. typh — Spandau 30 Novembre.

Barrois, Ferdinand, Euville (Meuse). garde mobile petite vérole. — Wesel, 25 Novembre.

Baudrouche, N., Plougouven (Finistère), 54e ligne, dyssenterie. — Wesel, 26 Novembre.

Benoît. François-Jules Chaux-Neuve (Doubs , 12e ligne. fièv. typh. — Wesel, 28 Novembre.

Brenner, Alexis 87e ligne, fièv. typh. — Mayence, 1er Décembre.

Bonhomme, Pierre-Marie, Vienois (Ille-et-Vilaine), 18e chasseurs, bronchite. — Stettin , 23 Novembre.

Biaut, Tourniac (Cantal), 7e ligne fièv. typh. — Stettin, 28 Novembre.

Béranger, Louis St-Marcel (Drôme), 1er génie fièv. typh. — Stettin. 28 Novembre.

Banty, Pierre-Casimir. Cezais (Vendée), 20e chasseurs dyssenterie. — Glogau, 2 Décembre.

Brochu, Jean-Marie 52e ligne. fièv. typh. — Torgau. 29 Novembre.

Briotté, Pierre, 23e ligne fièv. typh. — Torgau, 29 Novembre

Billeton, Félix, 80e ligne, musicien de 1re classe, fièv. typh. — Torgau, 30 Novembre.

Ballot, Jean-Marie garde mobile caporal, fièv. typh. — Torgau, 30 Novembre.

Beaumet, Julien. 55e ligne, fièv. typh. — Torgau, 1er Décembre.

Brun, Victor, canton d'Amplepuis (Rhône , 99e ligne, anémie. — Glogau, 2 Décembre.

Blanc, Casimir, 28e ligne, caporal. fièv. typh. — Glogau, 4 Décembre.

Braud, Léonard, 4e train des équip.   do   — Coblence, 24 Novembre.

Brand, Joseph, 16e ligne, fièv. typh. — Coblence, 27 Novembre.

Boulson, Marie-François, 68e ligne, petite vérole. — Coblence, 30 Novembre.

Brunet, François, 4e cuirassiers, pneumonie. — Coblence, 27 Novembre.

Bris, Nicolas, 54e ligne, dyssenterie. — Coblence, 29 Novembre.

Barthélemy, L., 59e ligne, dyssenterie. — Minden, 22 Novembre.

Bernard, Joseph, 59e ligne,   d°   — Minden, 28 Novembre.

Bernard, Joseph,   d°   d°   d°

Bacher, Louis, 41e ligne, dyssenterie. — Minden, 28 Novembre.

Bourier, Adolphe, 12e ligne, dyssenterie. — Minden, 29 Novembre.

Berthaud, Catherine, 41e ligne, sergent, dyssenterie. — Minden, 2 Décembre.

Botta, Joseph, 62e ligne, fièvre. — Minden, le 4 Décembre.

Blaise, André, 47e ligne, fièvre typhoïde. — Mayence, le 3 Novembre.

Barrot, Pierre, Garnache (Vendée), 50e ligne, petite vérole. — Neisse, le 2 Décembre.

Bachmann, Louis, 77e ligne, caporal fièvre typhoïde. — Erfurt, le 1er Décembre.

Blaise, 2e zouaves, petite vérole. — Erfurt, le 3 Décembre.

Braique, Louis, St-Sauveur. (Deux-Sèvres), garde mobile, fièvre typhoïde. — Stettin, le 2 Décembre.

Burelats, Louis, 10e artill., fièvre typhoïde. — Cosel. le 5 Décembre.

Budomont, Fulgence, 33e ligne, fièvre typhoïde. — Danzig, le 5 Décembre.

Blanchard, Elie-Joseph, Vieux (Nord), 1er train d'artill.. fièvre typhoïde. — Posen, le 5 Décembre.

Bonhomme, Basile, 69e ligne, fièvre typhoïde. — Mayence, le 6 Décembre.

Bongrain, Louis-Cyrille, Vitry-le-François, garde mobile, fièvre typhoïde. — Glogau, le 7 Décembre.

Buisson, Antoine, Limoges, 28e ligne, musicien, fièvre typhoïde. — Wesel, le 1er Décembre.

Brocia, Jacques, Bluige (Gers.), 28e ligne, fièvre typhoïde. — Wesel, le 3 Décembre.

Bruyère, Jean-Claude, St-Didier (Haute-Loire), 85e ligne, fièvre typhoïde. — Wesel, le 3 Décembre.

Berthe, Fleury, Liniers St-Florent (Pas-de-Calais), 33e ligne, pneumonie. — Wesel, le 3 Décembre.

Brocard, Célestin, Méligny-le-Petit, garde mobile, fièvre typhoïde. — Wesel, le 3 Décembre.

Bourgeot, Emile, Chauvel (Côte-d'Or), 2e train d'artill., fièvre typhoïde. — Wesel, le 3 Décembre.

Bourbon, Georges, 55e ligne, caporal, fièvre typhoïde. — Erfurt, le 5 Décembre.

Bumont, Emile, Vulguéremont (Aisne), 7e ligne, soldat, dyssenterie. — Glogau, le 5 Décembre.

Buttinger, Julien, garde mobile, fièvre typhoïde. — Torgau, le 2 Décembre.

Becval, Joseph, 55e ligne, caporal, fièvre typhoïde. — Torgau, le 5 Décembre.

Bourgeois, Octave-Clovis, 5e artill., soldat, fièvre typhoïde. Torgau, le 7 Décembre.

Besson. St-Claude (Jura), 22e infant., sergent-major, blessure par balle. — Donchéry, le 5 Septembre.

Bermiosse, Joseph, Lamret (Savoie), 20e infant., coup de feu au bras. — Douchéry, le 12 Septembre.

Beraune, Jean, Montpellier (Hérault), 36e infant., coup de feu à la poitrine. — Donchéry, le 19 Septembre.

Bulieu, Frédéric, 84e ligne, fièvre typhoïde. — Mayence, le 6 Décembre.

Banon, Auguste, 46e ligne, sergent-fourrier, hydropysie. — Minden, le 12 Novembre.

Blanchard, Jules, 5e dragons, soldat dyssenterie. — Minden, le 16 Novembre.

Boyer, Etienne, 64e infant., dyssenterie. — Coblence, le 13 Novembre.

Brulet, Charles, 20e chass, petite vérole. — Coblence, le 14 Novembre.

Bondé, Mathurin, 75e infant., dyssenterie. — Coblence, le 18 Novembre.

Blanc. Alphonse, 15e infant., fièvre nerveuse. — Coblence, le 19 Novembre.

Berchand, Philippe, 67e ligne, dyssenterie. — Mayence, le 21 Novembre.

Benoit, Bazin, 21e ligne. fièvre typhoïde. — Mayence, le 21 Novembre.

Brascel, Charles, 84e ligne, fièvre typhoïde. — Mayence, le 22 Novembre.

Barbot, Hippolyte-Alfred, Honfleur, 65e infant., caporal. fièvre typhoïde. — Carthausen, le 13 Novembre.

Biscaras, Etienne, Gemps, canton Audruicq (Pas-de-Calais), 89e infant., fièvre typhoïde. — Carthausen, le 18 Novembre.

Bertrand, François-Virgile, 4e cuirass , fièvre typhoïde. — Carthausen, le 18 Novembre.

Bellvaire, Pierre St-Maure-de-Côte Marchicourt (Loire-Infér.), 94e infant, fièvre typhoïde. — Carthausen, le 19 Novembre.

Boidesseuil, Auguste. 10e ligne, fièvre typhoïde. — Torgau le 19 Novembre.

Bongay Aimable, 55e ligne, fièvre typhoïde. — Torgau le 20 Novembre.

Bogrie. Jean, 91e infant., fièvre typhoïde. — Königsberg, le 22 Novembre.

Blasky, Louis, 95e ligne, petite vérole — Mayence, le 24 Novembre.

Berthier, Antoine. 66e ligne, fièvre typhoïde. — Torgau, le 23 Novembre.

Berdeguet. Charles. 2e ligne fièvre typhoïde. — Torgau, le 24 Novembre.

Bouvet, Etienne, 10e artill., petite vérole. — Erfurt, le 24 Novembre.

Batut, Benoît, 46e infant, fièvre typhoïde. — Erfurt, le 24 Novembre.

Brou (du) Gentil, Arthez (Landes), 72e ligne, dyssenterie. — Wesel, le 19 Novembre.

Bouvard, Jean-Marie, Faverges (Haute Savoie). 2e chass , dyssenterie. — Wesel, le 20 Novembre.

Briand. Jean, Cordemais (Loire-Inférieure), 2e chasseurs, dyssenterie. — Wesel, le 25 Novembre.

Boumès, Auguste, St-Jean-de-Lutz (Basses-Pyrénées), 77e ligne, petite vérole. — Stettin, le 15 Novembre.

Boisilot, Charles. St Michel (Vendée), 77e ligne. fièvre typhoïde. — Stettin. le 16 Novembre.

Barsche, Léopold Désiré, Cesseville (Eure) 19e chasseurs, anémie. — Posen, le 21 Novembre.

Bourg, Auguste, Auriac (Dordogne), 72e ligne, dyssenterie. — Posen, le 21 Novembre.

Bertin, Louis-Adolphe, St-Christophe (Charente-Inférieure), 52e ligne, tuberculose. — Posen, le 25 Novembre.

Brucher, Jean-Baptiste. Sierentz (Haut-Rhin), 8e cuirassiers, fièvre typhoïde. Posen, — le 25 Novembre.

Brioult, Jacques, 28e ligne. fièvre typh., — Cosel, le 26 Novembre.

Bourgone, Constant, 2e marine, hydropisie. - Cologne, le 15 Novembre.

Bernard, Joseph, 61e ligne, fièvre typh. — Cologne, le 24 Novembre.

Brousse, Pierre-Henri, artill. montée, fièvre typh. — Kalk, le 25 Novembre.

Baidesseuil, Auguste, Arron, 10e ligne, fièvre typh. — Torgau, le 19 Novembre.

Bongay, Aimable, Russey (Doubs), 55e ligne fièvre typhoïde. — Torgau, le 20 Novembre.

Berthier, Antoine, Mavesselle (Isère), 66e ligne, fièvre typh. — Torgau, le 23 Novembre.

Ber de Guette, Charles, ? 2e ligne, fièvre typh. — Torgau, le 23 Novembre.

Bourgeau, Joseph Abelyot (Haute-Savoie), 12e dragons ou ligne, fièvre typhoïde. — Torgau, le 27 Novembre.

Bolagnier, Louis. Carrières-Saint-Denis (Seine-et-Oise). 2e dragons, fièvre typhoïde. — Torgau, le 27 Novembre.

Babry, Jean-Baptiste, Ammine-Saint-Denis (Seine-et-Oise), 24e ligne, fièvre typhoïde. — Torgau, le 27 Novembre.

Brochu, Jean-Alaric, Escoublac (Loire-Inférieure), 52e ligne, fièvre typhoïde. — Torgau, le 29 Novembre.

Briotté, Pierre, Rogé (Saône-et-Loire), 23e ligne, fièvre typh. — Torgau, le 29 Novembre.

Bely, Claude, 8e artill., fièvre typh. — Danzig, le 29 Novembre.

Bontong, François, 5e chass. fièvre typh — Mayence, le 28 Nov.

Billeau, Jacques, Vaudré (Deux-Sèvres), 52e ligne. fièvre typh. — Posen, le 28 Nov.

Boisseau, François, Auriac (Dordogne), 72e ligne, anémie. — Posen le 29 Nov.

Blondel, François, Vaudricourt (Pas-de-Calais), 1er train d'artillerie, dyssenterie. — Posen, le 28 Novembre.

Blondeau, Léon, Rouer (Eure-et-Loir), 5e hussards dyssent. — Glogau le 29 Nov.

Barboneau, Constant, Mouzillon (Loire Inférieure), 99e ligne, dyssenterie. — Glogau, le 20 Novembre.

Boniface, François, 3e lanciers, paralysie des poumons. — Wittenberg, le 30 Nov.

Le Biant, François-Marie, Fredrey (Côte-d'Or), 71e ligne, fièvre typhoïde. — Neisse, le 30 Novembre.

Brière, Auguste. Coulonges (Orne), guides, fièvre typh. — Neisse. le 1er Décembre.

Brillant, Etienne, 76e ligne, fièvre typh. — Mayence, le 3 Déc.
Bournard, Désiré, 15e artill., fièvre typh. — Mayence. le 24 Nov.

Coutèze, Nicolas, 9e ligne, tambour. coup de feu au coude dr. — le 2 Novembre, *Pont-à-Mousson*.
Couty, Jean, St-Brand (Loire), 45e ligne. — le 17 Septembre, *Hamm*.
Chifflot. Antoine, 36e ligne. caporal. — le 10 Novembre à Hanovre.
Cocaud. Hippol.-Jean, 11e de ligne, 1er bat., 2e c., sous-officier, c. du feu au dos. — le 11 Novembre, Pont-à-Mousson,
Chubert, Joseph, Neuilly (Indre-et Loire), 94e ligne, fièvre typhoïd. — le 6 Novembre, Carthausen.
Chauvin, Georges, 6e ligne,   do   — le 12   do   Mayence.
Cabioche, J., 67e ligne,   do   le 13   do   Mayence.
Champagne, Charles, 2e génie,   do   — le 13   do   Erfurt.
Carden. François, Tournus, 10e chasseurs à p.. dyssenterie. — le 20 Novembre, Glogau.
Chaudroy, Charles, Beugny, (P.-de-Calais), 33e ligne, dyssenterie. — le 18 Novembre, Posen.
Coat, Martin, 19e chass., fièvre typhoïde. — le 17 Novembre, Mayence.
Cladien, Julien, garde mobile, fièvre typhoïde. — le 17 Novembre, Mayence.
Casteras, Antoine, Muret (H.-Garonne), 1er ligne, fièvre typhoïde. — le 15 Novembre, Neisse.
Couissiot François, (B. Pyrénées), 50e ligne, fièvre typhoïde. — le 4 Novembre, Stettin.
Chevrau, Léonard, St-Rimay-de-Moustoire (Loir-et-Cher), 1er génie, pneumonie. — le 19 Novembre, Stettin.
Cauzard, Alfred. 33e ligne, sergent, blessé. — le 16 Novembre, Stettin.
Chiriet. Joseph, cant. de Saulxures (Vosges), 80e ligne, dyssenterie. — le 12 Novembre, Wesel.
Cuisinier, Jacques, cant. d'Albi (Tarn), 72e ligne, bronchite. — le 13 Novembre Wesel.
Chateau. A., Chalonne (Dordogne), 60e ligne, dyssenterie. — le 14 Novembre, Wesel.
Combete, Charles, 87e de ligne, pet. vérole. le 20 Novembre, Mayence.
Chauvois, Ambroise, Labochery (Manche), 34e ligne, dyssenterie. — le 22 Septembre, Wurtemberg.
Coupel, Ludovic, Lambercourt (Somme). 64e ligne, dyssenterie. — le 24 Septembre,   do
Chabron, Jean-Louis, Plergneuf (Côtes-du-Nord), 24 ligne, fièvre typhoïde. — le 21 Octobre, Wurtemberg.
Chartier, Joseph, Présigneux (Sarthe), 79e ligne. fièvre typhoïde, — le 21 Octobre, Wurtemberg.
Chauterlot, Beaumont (Ardennes), 8e ligne,   do   - le 23 Octobre,   do
Chevalier, Auguste, Maulan (Meuse), 64e ligne,   do   - le 23 Octobre.   do
Chalayé, Augustin, St-Barthelemy (Ardèche), 82e ligne, fièvre typhoïde. — le 28 Octobre, Wurtemberg.
Callau, Jean, St-Vincent-de-Paul (Gironde), 56e ligne, fièvre typhoïde. - le 29 Octobre, Wurtemberg.
Chabanaud, Auguste, St-Pardoux-la-Rivière (Dordogne), 25e ligne, fièvre typhoïde. — le 13 Sept., Wurtemberg.
Colleville, Charles, Paris, 96e ligne, caporal, blessé. — le 20 Sept., Wurtemberg.
Chasseur (de). Hippolyte, Charmois, 75e ligne, blessé au bras. — le 10 Novembre, Nancy.
Chepard, Xavier, cant. de Baume (Doubs), 73 ligne, fièvre typhoïde. — le 17 Novembre, Wesel.
Chassi, 22e infant., blessé à la poitrine. — Donchéry, le 3 Septembre.
Chevallier, Joseph, 36e infant., blessé à la cuisse. — Donchéry. le 19 Septembre.
Colère, André. Altan (H.-Rhin), 8e ligne, pneumonie. — Neisse, le 28 Novembre.
Chilloux, Pierre (Indre), 85e ligne, tambour, dyssenterie. — Wesel, le 25 Novembre.
Crescent Jean, 54e ligne, soldat. fièvre typhoïde. — Mayence, le 1er Décembre.
Charles, Joseph, Pléchères (Isère), 56e ligne caporal, fièvre typhoïde. — Stettin, le 25 Novembre.
Chercuite, Albert, Nogent-sur-Seine (Aube), 1er génie, pneumonie. — Stettin, le 25 Novembre.
Charassin, Benoît, Bessenay (Rhône), 98 infant., dyssenterie. — Glogau, le 1er Décembre.
Chausse, Sébastian, 55e ligne, fièvre typhoïde. — Torgau, le 30 Novembre.
Cappel, Antoine, 16e artill., dyssenterie. — Mayence, le 1er Décembre.
Cluzel, Gilbert, 1er infant., fièvre typhoïde. — Coblence, le 25 Novembre.
Chevillard, Julien, 15e infant., dyssenterie. — Coblence, le 28 Novembre.

Chabrol, Gilbert-Jacques, Montiguet-en-Combreille (Puy-de-Dôme), 4e marine, sergent, fièvre typh.
— Carthausen le 26 Novembre.

Carson, Victor, 26e infant., dyssenterie. — Coblence, le 29 Novembre.

Chaillot, Pierre 80e infant., dyssenterie — Minden, le 21 Novembre.

Chateau, Guillaume, 81e infant., dyssenterie. — Minden, le 28 Novembre.

Cavin, Emile, 7e chass., dyssenterie. — Minden, le 28 Novembre.

Chillier, Jacques, 5e dragons, blessé au pied. — Minden le 1er Décembre.

Chevallier, Gabriel, 54e ligne, sergent fièvre typh. — Minden, le 2 Décembre.

Conin, Yves, 64e ligne, fièvre typh. — Minden le 4 Décembre.

Crestey, Félix, 9e ligne, fièvre. — Minden le 4 Décembre.

Compagnon, Joseph 75e ligne fièvre typh — Mayence, le 3 Décembre.

Crespel, Jean-Bapt, Baillous (Pas-de-Calais), 5e artill., brigadier, fièvre gastrique. — Glogau, le 2 Décembre.

Christe, Jean, 84e ligne, fièvre typh. Mayence. – le 4 Décembre.

Chenot, Eugène, St-Jure (Moselle), franc-tireur, caporal, pet -vérole. — Stettin, le 29 Novembre.

Crouez, Jean-Baptiste, Nice (Alpes-Maritimes), 15e artillerie, fièvre typhoïde.   Glatz, le 4 Décembre.

Crinque, Joseph, garde mobile, fièvre typh.   Mayence, le 5 Décembre.

Colombet, Jean-Jacques, 7e ligne, pneumonie. — Spandau, le 7 Décembre.

Cabuat, François, zouaves de la garde, fièvre typh. — Mayence, le 4 Décembre.

Clergen, Louis, 15e artill, dyssenterie. — Mayence, le 7 Décembre.

Cordier, Nicolas, Breuvannes (Haute-Marne), 33e ligne fièvre gastrique.—Glogau, le 8 Décembre.

Chavet, Isidore, Quimper (Finistère), fièvre typh. — Glogau le 8 Décembre.

Chabrillac, Auguste, 12e drag, fièvre typh. — Torgau, le 1er Décembre.

Chamas, Claude, 2e ligne, fièvre typh. — Torgau, le 3 Décembre.

Cabelguen, René-Marie, 2e ligne, fièvre typh. — Torgau, le 7 Décembre.

Condry, François, 7e dragons, fièvre nerveuse. — Minden, le 10 Nov.

Caruel, Sathurin, 19e ligne, dyssenterie. — Minden, le 15 Nov.

Cochon, Charles-Adrien, 70e ligne dyssenterie. — Coblence, le 12 Nov.

Courvoisier, Joseph 1er artill., maréchal-des-logis, fièvre typh. — Coblence, le 18 Nov.

Colibert, Désiré, La Ferté-Macé-Briouze (Orne), 11e chassseurs, fièvre typhoïde. — Carthausen, le 12 Nov.

Croutsch, Joseph, Landroff (Moselle), 55e ligne, fièvre typh. — Carthausen le 13 Nov.

Chassère, Joseph, 64e ligne, fièvre typh. — Mayence, le 23 Nov.

Chassereau, Lazare, 64e ligne, fièvre typh. — Mayence, le 23 Nov.

Cabory, J.-François, 65e ligne, caporal, fièvre typh. — Torgau, le 21 Nov.

Chanal, Louis, 55e ligne fièvre typh. — Torgau, le 23 Nov.

Coulon, Jean, 55e ligne, fièvre typh. – Torgau, le 23 Nov

Colas, Alfred, 1er artill., fièvre typh. — Glogau, le 22 Nov.

Cacheux, Emile, Wubleville (Seine-Inférieure), 16e artill., pontonnier, fièvre typhoïde. — Gloga, le 24 Nov.

Cretter, Paul-Louis-Auguste, Chaintreaux (Seine-et-Marne), 1er artill., dyssenterie. — Wesel, le 22 Novembre.

Carré Jules, (Somme), 13e ligne, fièvre typh. — Wesel, le 23 Novembre.

Colas, Virgile ? 4e dragons, fièvre typh. — Königsberg, le 23 Novembre.

Charodeau, Charles, Essards (Indre-et-Loire), 1er génie, dyssenterie. — Stettin, le 19 Novembre.

Cervelle Jacques, Gignac (Hérault), 4e artill., dyssenterie. — Stettin, le 21 Novembre.

Campagne, Jean, Castelnau (Landes), 72e ligne, fièvre typh. — Posen le 21 Novembre.

Cambasar, Claude, 23e ligne, fièvre typh. — Neisse, le 27 Novembre.

Colau, Fidèle, 1er génie, pneumonie. — Cologne, le 21 Novembre.

Corre (Le), Mathurin, 7e artill., dyssenterie. — Cologne, le 15 Novembre.

Cott, Damien, 12e infant., fièvre typh. — Kalk, le 10 Novembre.

Chagniaud, Jean, 31e ligne, fièvre typh. — Kalk, le 26 Novembre.

Cuvert, Pierre-Louis, 34e ligne, anémie. — Wittenberg, le 19 Novembre.

Chevallier, Alphonse, garde mobile, fièvre typh. — Mayence, le 28 Novembre.

Cheladeux, 51e ligne, petite vérole. — Mayence, le 28 Novembre.

Cremy. Jean 62e ligne, petite vérole. Mayence, le 29 Novembre.

Congeveaux. Hippolyte, garde mobile, fièvre typh. — Coblence, le 25 Novembre.

Cagnard, Michel, 98e ligne, fièvre typh. — Coblence, le 26 Novembre.

Decamp, Henri, Lille. 14e ligne, 3e b , 2e c., coup de feu aux jambes. — le 3 Novembre, *Ambulance d'Etapes St-Mihiel*.

Delhomme. Emile, Gardanne (B -du-Rh.) 61e ligne, caporal, coup de feu au bras gauche. — le 6 Novembre, *Ambulance d'Etapes, St-Mihiel*.

Delenne, Georges, 14e artill., coup de feu à l'épaule gauche. — le 13 Septembre, *Clermont en-Argonne*.

Dordan, Sylvain 32e ligne, mutilation de la jambe gauche. — le 5 Novembre, *Pont-à-Mousson*.

Dequant, Joseph, artill. de marine coup de feu au genou droit. — le 1 Novembre,   do

Delavoix, Joseph 51e ligne, cap , coup de feu à la hanche droite. — le 9 Novembre, do

Dertas, Jean. (Gironde), 67e ligne, coup de feu au coude droit. — le 11 Septembre, *Etain*.

Döffer, Jacob, Wörth (Bas-Rhin), 1er ligne. — le 6 Septembre, *Hamm*.

Diou, Lothaire, Altrop (Moselle), 44e ligne. — le 12 Novembre, *Hamm*.

Devit Pierre, Cheré (Côtes-du-Nord), 68e ligne, dyssenterie. — le 14 Novembre, Glogau.

Delamarre, Victor, Plerguer (Ille-et-Vil) 14e ligne, tambour, fièvre typhqïde, — le 1 Novembre. Carthausen.

Dailly. Jean-Bapt., Cluny (Saône-et-Loire), 18e ligne. fièvre typhoïde.   le 5 Novembre, Carthausen.

Duhaut, Emile-Gust., 10e chasseurs,   do   — le 8 Novembre, Torgau.

Duchèsne, Alexandre (Seine-Inf.), 61e ligne,   do   — le 16 Novembre, Posen.

Duchène, Lucien, 6e ligne,   do   — le 18 Novembre, Torgau.

Drevet, Jean-Pierre, 12e drag.,   do   — le 18 Novembre, do

Dartiglouge, Joseph, Poitiers. 46e ligne, fièvre scarlatine. — le 8 Novembre, Stettin.

Duchemin, Michel, Tory (Indre), 1er hussards, fièvre typhoïde. — le 10 Novembre, Stettin

Deptouille, Alexis 4e chasseurs caporal,   do   — le 15 Novembre, Erfurt.

Duros, N., 23e ligne, choléra. — le 16 Novembre, Erfurt.

Desme, Benoit, 23e ligne. — le 13 Novembre, Torgau.

Dewache Ch-Aimé-Dés., Cassel (Nord). 11e drag , tétanos. — le 13 Novembre, Wesel.

Daval, Jean-Bapt., 85e ligne, pneumonie. — le 14 Novembre, Wesel.

Derd, Jean, (Tarn) 6e ligne, fièvre typhoïde. — le 18 Novembre, Wesel.

Damoux. Emile, Verziat (Ain), 17e d'art., dyssenterie. — le 19 Novembre, Glogau

Déringue (de), Ernest, Paris, 2e marine, balle dans la cuisse dr. — le 24 Août en Wurtemberg.

Doucet, Antoine, (Corse). 12e ligne. pneumonie. — le 28 Septembre,   do

Duvauge, Jean, Bernage (Gironde), 72e ligne. fièvre. — le 27 Septembre,   do

Dagest. Jean Riganos (Gironde), 2e marine, fièvre. — le 4 Septembre,   do

Delaire, Joseph, St-Martial (Gard), 64e ligne fièvre. — le 4 Octobre,   do

Deruot, Camille, Ragon (Meurthe), 24e ligne fièvre typhoïde. — le 6 Octobre,   do

Duval, 10e ligne, dyssenterie. — le 12 Novembre, Boulay.

Delahaye, Alphonse, Beaumont (Aisne), 62e ligne, fièvre typhoïde. — le 12 Octobre, en Wurtemberg.

Derachinois Louis-Flor.. Nocheran (Nord), 7e d'art., maréchal-de-logis chef fièvre typhoïde.— le 14 Octobre, en Wurtemberg.

Danviller, Jean, Joinville (Orne), 61e ligne, fièvre typhoïde. — le 13 Octobre, en Wurtemberg.

Dorcier, Jean-Marie, Douvaine (Savoie), 6e d'art., brig., fièvre typhoïde. — le 28 Octobre. en Wurtemberg.

Duchet, Etienne, Lanoire, 18e ligne, fièvre typhoïde. — le 30 Octobre, en Wurtemberg.

Demonfont, Jean. Tarare, 2e marine,   do   — le 31 Octobre,   do

Dupuis, François. Loire-Inf.. 8e lanciers, fièvre typhoïde. — le 31 Octobre, en Wurtemberg.

Delivet, Eug., (Oise), 20e ligne,   do   — le 31 Octobre en Wurtemberg.

Dumond R.. (le Puy), 89e ligne, balle à la poitrine. — le 22 Août, en Wurtemberg.

Dumont. Constantin, (Loiret), 64e ligne tétanos. — le 30 Août, en Wurtemberg.

Dubordieu, Bapt., (Loir-et-Cher), 63e ligne, blessé. — le 8 Septembre, en Wurtemberg.

Denis, Bernard, (Vaucluse), 4e ligne, blessé. — le 17 Septembre. Wurtemberg.

Dessay, Pierre, Rouvres (Côte-d'Or), 8e ligne, dyssenterie. — le 19 Septembre, Wurtemberg.

David, Pierre, (Charente), 93e ligne, catarrhe, — le 15 Octobre, Wurtemberg.

Derivery, Auguste-Charles Mareuil (Somme), 85e ligne, fièvre typhoïde. — Wesel, le 27 Novembre.

Desmarais, Paul, Oissel (Seine-Inférieure), 57e ligne, petite vérole. — Wesel, le 27 Nov.

Delhorme, Michel. Saint-Martin-de-Valamas (Ardèche), 85e ligne, fièvre typhoïde. — Wesel, le 29 Novembre.

Dalbies, Justin, Rabouillet (Pyr.-Orientales), 46e ligne petite vérole. — Stettin, le 24 Novembre.

Deveaux, Jean 2e chass., dyssenterie. — Spandau, le 3 Décembre.

Dormazin, Alcide, 2e ligne, sergent, blessé. — Torgau, le 28 Novembre.

Devost, Henry. 16e artill., petite vérole.— Mayence, le 1er Décembre.

Delvart, Désiré, Jugheim (Pas-de-Calais), 44e ligne, apoplexie. — Glogau, le 4 Décembre.

Deguin, Germain, 64e ligne, fièvre typh. — Coblence, le 25 Novembre.

Dartois, Victor-Hippolyte. 15e ligne, phthisie. — Coblence, le 27 Novembre.

Dubuy, Jacques-Marie, 98e ligne, fièvre typh. — Coblence, le 28 Novembre.

Daigne, Armand, Mirabel (Tarn-et-Garonne), 1er zouaves, petite vérole. — Carthausen, le 21 Novembre.

Dumons, Jean, Monesplet (Dordogne), 5e ligne, fièvre typh. — Carthausen, le 29 Novembre.

Demaiziére, Jean, 10e artill., dyssenterie. — Minden, le 29 Novembre.

Delbot, Louis, 95e ligne, fièvre. — Minden, le 24 Novembre.

Dubreuil, Henri, 5e dragons fièvre. — Minden, le 25 Novembre.

Derviseur, Jean, 4e chass., caporal. dyssenterie. — Minden, le 26 Novembre.

Demeure, Arsène, 19e ligne. fièvre typh. — Minden, le 28 Novembre.

Deminauler. Théodore, Breitenbach (Bas-Rhin), 57e ligne. dyssenterie. — Glogau, le 6 Décembre.

Dalmas, Robert, Landouze (Seine), 61e ligne, fièvre typh. — Neisse, le 1er Décembre.

Deshayer, Antoine, 23e ligne, fièvre typh. — Erfurt, le 6 Décembre.

Duclos, Léon, Savigny (Manche), 26e ligne, pneumonie. — Neisse, le 6 Septembre.

Dupuis, Elie, Youssonviller (Aube), 17e artill., hydropisie. — Glatz, le 6 Décembre.

Delteil, Jules, Argelès (Basses-Pyrénées). 47e ligne, caporal, fièvre typhoïde. — Posen, le 3 Décembre.

Davy, Louis-Jean-Marie, Villamée (Ille-et-Vilaine). 75e ligne. dyssenterie. — Posen, le 3 Décembre.

Dursein. Jules, 2e ligne, dyssenterie. — Mayence, le 4 Décembre.

Delaforge, Emile, 19e ligne, fièvre tierce. — Minden, le 14 Novembre.

Ducasse, Jules, 41e ligne, fièvre gastrique. — Minden. le 16 Novembre.

Demarest, Charles, 2e drag., dyssenterie. — Minden, le 19 Novembre.

Didier, Vincent, garde mobile, dyssenterie. — Mayence le 22 Novembre.

Dagorot, Eugène. 2e infant., anémie. — Coblence, le 14 Novembre.

Dutheil, Auben, 60e infant., dyssenterie. — Coblence, le 15 Novembre.

Diguet, Frédéric-Jacques. 54e infant, pneumonie. — Coblence. le 20 Novembre.

Deplanque. Louis Vimy (Pas de-Calais), 65e infant., caporal fièvre typh. — Carthausen, le 18 Novembre.

Deis, Jean, Artigues, canton Carbon-Blanc (Gironde), 3e cuirass., fièvre typh. — Carthausen, le 20 Novembre.

Debanc. Aug., Testet-St.-Cristophe, canton Rignac (Aveyron), 8e chass. à p., fièvre typh, Carthausen. le 20 Novembre.

Dumaire, Victor. Beauchesne (Orne), 8e ligne, caporal. fièvre typh. — Neisse, le 19 Novembre.

David, Jean. 2e ligne, fièvre typh. — Torgau, le 20 Novembre.

Didelot, Louis, 4e dragons, fièvre typh. — Torgau, le 20 Novembre.

Dufond, Joseph, 93e ligne, fièvre typh. — Torgau. le 20 Novembre.

Debourbe, François, 64e infant., fièvre typh. — Erfurt, le 19 Novembre.

Dague, Alexandre, 11e infant., dyssenterie. — Erfurt, le 19 Novembre.

Dupouy. Armand, 77e infant, choléra-morbus. — Erfurt, le 20 Novembre

Duplessis, Jean, Pletibon (Nièvre), 37e ligne, fièvre typh. — Glogau, le 24 Novembre.

Delestre, Alexandre, 5e artill., fièvre typh. -- Mayence, le 23 Novembre.

Desseaux, Louis-Nicolas, 58e ligne, caporal, fièvre typh. — Spandau, le 26 Novembre.

Dupon*, Florentin 16e artill., pontonnier, fièvre typh. — Torgau, le 24 Novembre.

Delahaye. Camille, 41e ligne, fièvre typh. — Torgau, le 24 Novembre.

Duval, Arthur, 23e infant., fièvre typh. — Erfurt, le 24 Novembre.

Denis, Pierre, Lannion (Côtes-du-Nord). 85e ligne, fièvre typhoïde. — Wesel, le 22 Novembre.

Delage, Jean, Chadaney, (Haute-Vienne). 15e ligne, fièvre typhoïde. — Wesel, le 22 Novembre.

Dedenier, Auguste, Danagotte (Meuse) garde mobile, fièvre typhoïde. — Wesel, le 22 Novembre.

Dedieu, Antoine. 15e chasseurs, inflammation du bas-ventre. — Königsberg, le 23 Novembre.

Dufère, Auguste, Raucourt (Moselle), 40e ligne fièvre typhoïde. — Stettin, 19 Novembre.

Dantos, Bernard Bordeaux (Gironde), 7e ligne, dyssenterie. — Posen 26 Nov.

Delaunay, Eugène, 65e ligne, petite vérole. — Mayence, 26 Nov.

Demerlé, Gaspard, Lengelsheim (Moselle). garde mobile. petite vérole. — Glogau, 27 Nov.

David, Jean-David, Buque (Dordogne) 2e ligne, fièv. typh. — Torgau, 20 Nov.

Didot, Louis Lorquin (Meurthe) 4e dragons. fièv. typh. -- Torgau, 20 Nov.

Dufond, Joseph, (Drôme), 93e ligne fièv. typh. — Torgau, 21 Nov.

Dupont. Florentin Lezuf (Meurthe). 16e artill., fièv. typh. — Torgau, 23 Nov.

Delahaye Camille, Cauville-les-Deux (Seine-Inférieure). 41e ligne. fièvre typhoïde. — Torgau, 24 Novembre.

Dub, Jean, Seinghousse (Moselle), garde mobile, fièv. typh. — Torgau, 27 Nov.

Dermerin Alcide, Moutaut (Vendée). 72e ligne, sergent, plusieurs blessures. — Torgau, 28 Nov.

Duprat. Mathieu, Chavagnes-en-Pailliers, (Landes), 72e ligne, fièv. typh. — Posen. 27 Nov.

Dupoul François, Loinzin (Haute-Savoie). 3e chass., fièv. typh. — Posen, 28 Nov.

Dufour Pierre, 76e ligne, fièv. typh. — Mayence 29 Nov.

Delcourt Louis, Belleuil (Nord), carabiniers. brigadier, fièv. typh. — Neisse, 29 Nov.

Enguerrand, Ernest, 7e ligne, fièvre typhoïde. — le 12 Novembre. Danzig.

Effinger, Jacques, Wintzenbach (B.-Rhin), 2e train d'art., fièvre typhoïde. — le 20 Novembre, Glogau.

Expert Jean, Posensac (Gironde), 83e ligne, dyssenterie. — le 11 Novembre, Posen.

Espagne, Gustave, Dieulefit (Drôme), 88e ligne, fièvre typhoïde. — le 16 Novembre Posen.

Eberhard. Michel, 5e d'art., dyssenterie. — le 17 Novembre Mayence.

Erb, François, 27e ligne, fièvre typh. — le 18 Novembre. Mayence.

Emery, Jean, Lacache (Corrèze), 36e ligne, fièvre typhoïde. — le 11 Octobre, Wurtemberg.

Escoffier, Marcel, Orgon (B.-du-Rh.), 8e ligne   do   — le 20 Octobre.   do

Ernst, Romain, Ungersheim (H.-Rh.), 3e marine.   do   — le 27 Octobre.   do

Eméry, Pascal, Folletière (Seine-Inférieure), 19e artill., brigadier. dyssenterie. — Wesel, le 29 Novembre.

Espinasse, Pierre, 64e infant., dyssenterie. — Coblence, le 27 Novembre.

Escagne, Cl., 95e infant., caporal, dyssenterie. — Minden, le 4 Décembre.

Etronger, Jacques 84e ligne, petite vérole. — Mayence, le 3 Décembre.

Etienne, Joseph, Bury-la-Côte (Meuse), garde mobile. fièvre typhoïde. — Wesel, le 2 Décembre.

Etienne, François, 7e ligne, petite vérole. — Spandau, le 7 Décembre.

Esqui, ? paralysie du cerveau. — Torgau, le 2 Décembre.

Escalbert, Gustave 90e ligne, fièv. typh. — Coblence, 15 Nov.

Echailler, Eugène, Sevelinge, canton de Belmont (Loire). 18e ligne, fièvre typhoïde. — Carthausen, 13 Nov.

Etoré, Pierre, Glénac (Morbihan), 88e ligne, fièv. typh. — Posen, 19 Nov.

Eluard, François-Pierre, Loie (Orne), 23e ligne, fièv. typh. — Torgau, 27 Nov.

Félix, Napoléon, St-Germain, 85e ligne, c. de feu à la cuisse g. — le 18 Septembre. Nancy.

Fost, Jean, 68e ligne, fièvre typhoïde. — le 15 Novembre, Glogau.

Favrolle, Jacq. Cyr.. (Orne), 4e cuirassiers, anémie. — le 5 Novembre. Carthausen.

Fontaine, Jean Pucauville (Manche), 14e ligne, fièvre typhoïde. — le 7 Novembre Carthausen.

Fusereau, Marins, Croix-Rousse (Rhône), 79e ligne   do   — le 9 Novembre, Carthausen.

Forestier, Eug., Hamourat (Jura), 6e cuirassiers,   do   — le 18 Novembre, Posen.

Fabien, Louis, 2e ligne,   do   — le 17 Novembre, Torgen.

François, Fr., (Vosges), 8e ligne, caporal,   do   — le 14 Novembre, Neisse.

Fayon Marie, 8e art., dyssenterie. — le 18 Novembre, Spandau.

Fallet, Louis, 15e d'art.. pet. vérole. — le 20 Novembre, Mayence.

Fabry. Charles-François, 58e ligne, fièvre typhoïde. — le 19 Novembre, Spandau.

Fiaul, Eug., (Deux-Sèvres), 2e marine, fièvre. — le 23 Septembre, Wurtemberg.

Faure, Pierre-Antoine, (isère) 2e marine, fièvre typhoïde. — le 29 Septembre, Wurtemberg.

Fabre Pierre, (Loire), 17e ligne, plusieurs blessures — le 29 Septembre,   do

Fèbre, Jean-Bapt., Marches (H.-Saône), 68e ligne, anémie. — le 7 Septembre,   do

Foucard Jean-Bapt., (Somme), 61e ligne   do   — le 10 Septembre,   do

Faucon, Eug., (Aisne), 62e ligne, fièvre typhoïde. — le 15 Septembre,   do

Fovillière, Pierre, Courlac (Charente), 36e ligne, tétanos. — le 16 Août,   do

Faudemer. Jean-Desiré (Manche), 61e ligne, pneumonie. — le 5 Septembre,   do

Farchet Jean, 22e infant., coup de feu à la tête. — Donchéry, le 25 Septembre.

Fleury, Denis, 97e ligne, dyssenterie — Mayence, le 1er Décembre.

Faivre, Edouard, Bouverans (Doubs), 7e artill., dyssenterie. - Glogau. le 2 Décembre.

Faure, Jean Ambazac (H.-Vienne), 89e infant., fièvre typhoïde. — Carthausen, le 21 Novembre.

Farin Félix, 26e ligne, dyssenterie. — Mayence, le 3 Décembre.

Fleury, Aimable, La-Chaussec-Ivry (Eure-et-Loir), 8e ligne, fièvre typhoïde. — Neisse, le 2 Décembre.

Foulard, Isidore, Auteuil (Ille-et-Vilaine), 45e ligne, caporal, dyssenterie. — Neisse, le 3 Décembre.

Foligné, Victor, Dol (Ille-et-Vilaine) 1er artill., dyssenterie. — Posen, le 5 Décembre.

Fraigneau, Edmond, 81e ligne, fièvre typhoïde. — Mayence, le 4 Décembre.

Freyet, Félix, 3e dragons, dyssenterie. — Stettin, le 1er Décembre.

Fauchère Joseph, 23e ligne, fièvre typhoïde. — Torgau, le 7 Décembre.

Freyet, Félix, Paris, 5e dragons, dyssenterie. — Stettin, le 1er Décembre.

Fourmunieux, Joseph 4e ligne, caporal, dyssenterie. — Coblence 16 Nov.

Favrat, François, Arcier, canton de Thonon (Haute-Savoie), 3e cuirassiers, fièv. typh. — Carthausen, 13 Nov.

Frenot, Charles. Bellefontaine, canton de Plombières (Vosges), 18e ligne, péritonite. — Carthausen, 16 Nov.

Fries, Matthias, 44e ligne, fièv. typh. — Torgau, 20 Nov.

Fossey. Pierre-Ferdinand, Flers (Orne), 15e ligne, petite vérole. — Glogau, 22 Nov.

Fauvel, Léon, gendarmerie dyssenterie. — Mayence, 24 Nov.

Fribouillard, Emile, 24e ligne, fièv. typh. —   do

Fournier Auguste, Genac (Charente), génie, fièv. typh. — Neisse 24 Nov.

Fournier, Jean Montpont (Dordogne), 6e artill., catarrhe pulmonaire. — Neisse, 24 Nov.

Froment, Pierre, 29e ligne, fièv. typh. — Danzig, 25 Nov.

Fournier, François, 8e artill., dyssent.   do

Fagot Jean, Semoussac (Charente-Infre). 49e ligne, anémie. — Posen, 25 Nov.

Fermier, Charles, 59e ligne, caporal, fièv. typh. — Mayence, 27 Nov.

Fleury, Jean, 85e ligne, fièv. typh. — Cologne, 16 Nov.

Frées, Venly (Seine) 44e ligne, fièv. typh. — Torgau, 20 Nov.

Ferrier, Joseph, Verneuil (Allier). 71e ligne, fièv. typh. — Torgau, 25 Nov.

Ferrier, Joseph,   do   do   do

Forton, Léon. Larré (Orne). 57e ligne, scorbut. — Neisse 29 Nov.

Graf, Charles, Eckbolsheim 20e d'art., (ouvriers). — Hop. Nordhausen.

Grosgogeat, Antoine, (Ain), 57e ligne. — le 31 Août. Hamm.

Gauthier, Louis, 28e ligne, 2e b., 5e c. — le 13 Novembre, Pont-à-Mousson.

Guizier, Jacques, 19e ligne. — le 11 Novembre, Boulay.

Grall, Jean-Louis, Brest, 16e d'art., ouvriers, fièvre typhoïde. — le 1er Novembre, Carthausen.

Gonthier, Charles-Prudent, Martigny (Calvados), 14e ligne, fièvre typhoïde. — le 10 Novembre. Carthausen.

Gruel, Jean-Bapt., St-Martial (Charente-Inf.), 49e ligne, dyssenterie. — le 11 Novembre. Posen.

Gerbault, Jean-Bapt., 54e ligne, fièvre typhoïde. — le 18 Novembre, Torgau.

Guiheneuf, Pierre, Croisic (Loire-Inf.), 49e ligne, dyssenterie. — le 16 Novembre, Neisse.

Guet, Antoine, 23e ligne caporal, fièvre typhoïde. — le 13 Novembre, Torgau.

Greuzot, Jean-Martin, 15e ligne, do — le 14 Novembre, Torgau.

Goulard, Philibert, 10e cuirassiers do — le 14 Novembre, Wesel.

Guigon, Claude-Jos., 3e dragons. dyssenterie. — le 17 Novembre. do

Gerres, Pierre-Paul, Lauterbach (H.-Rhin), 33e ligne, fièvre typhoïde. — le 18 Novembre, Wesel.

Gauthier, Elias, 78e ligne, do — le 19 Novembre, Mayence.

Gillet, Martin, 45e ligne. sergent-major, tétanos. — le 17 Août, Wurtemberg.

Gutknecht, J., Altenwêche. (H.-Rhin), 1er génie, fièvre typhoïde. — le 1er Octobre, en Wurtemberg.

Guichard Désiré, Colombe (Eure-et-Loir, 6e ligne, maladie du cœur. — le 3 Octobre, do

Gondeau, Louis Vizille (Isère), 54e ligne anémie. — le 4 Octobre, do

Glandaz, Jean Orléans 8e ligne, caporal, fièvre typhoïde. — le 8 Octobre, do

Guillet, Jean, (Maine-et-Loire), 3e marine, pet. vérole. le 11 Octobre, do

Goutarbe, Jean, Ferrières (Allier) 3e marine, fièvre typhoïde. — le 17 Octobre. do

Goubet, Félix, (Hte-Marne), 24e ligne, fièvre typhoïde. — le 18 Octobre, do

Grodaillon, Jos.-Marie, (Savoie), 56e ligne, do — le 19 Octobre, do

Gourlot Jean-Bapt., (Rhône), 8e ligne, do — le 21 Octobre, do

Gourdin, Amand, (Manche), 64e ligne, do — le 1er Novembre, do

Guyot Donat, Herpelmont (Vosges), 73e ligne, caporal, anémie. — le 28 Août do

Guzot, Louis, (Orne), 57e ligne. blessé à l'épaule. — le 12 Septembre, do

Goyet, François, (Ain), 61e ligne. fièvre typhoïde. — le 17 Octobre, do

Grignon, François, Sancer (Pas-de-Calais), 3e train, brigadier, fièvre typhoïde. — Wesel, le 27 Novembre.

Guégury. Léonard, Alleira (Nord), 44e ligne, pneumonie. — Stettin, le 23 Novembre .

Goguin, Xavier, Mailly-sur-Orne (Calvados), 7e ligne, catarrhe gastrique. — Stettin, le 28 Novembre.

Gounand, Lucien, Cernimont (Vosges), 64e ligne, sergent. fièvre typhoïde. — Glatz, le 1er Décembre.

Gaillot, Louis, 66e ligne, fièvre typhoïde. — Torgau, le 28 Novembre.

Grimaldi, Antoine, 32e ligne, fièvre typhoïde. — Torgau, le 30 Novembre.

Guerre, Joseph-Victor, 15e ligne, dyssenterie. -- Coblence, le 27 Novembre.

Gauthier, Jean-Claude. Frangy. canton St-Germain-du-Bois (Saône-et-Loire), 12e artill., fièvre typhoïde. — Carthausen, le 21 Novembre.

Grosset, Jean, Montlan, canton Ligneuil (Indre-et-Loire), 94e ligne, fièvre gastrique. — Carthausen, le 23 Novembre.

Guérin, François, Verdun sur-le-Doubs, canton Bragny (Saône-et-Loire), 18e ligne, fièvre typhoïde. — Carthausen, le 30 Novembre.

Gariton, Joseph, 15e ligne, dyssenterie. — Coblence, le 29 Novembre.

Grand, Emile, garde mobile, maréchal, fièvre typhoïde. — Minden, le 2 Décembre.

Guignard, Paul-Amand, garde impériale, péricardite. — Cosel, le 3 Décembre.

Grosseau, Auguste, Villers-St-Etienne (Meurthe) garde mobile, fièvre typhoïde. — Glogau, le 8 Décembre.

Geleis, Victor, 3e génie, caporal, dyssenterie. — Mayence, le 7 Décembre.

Gometz, Jean, 2e zouaves, dyssenterie. -- Mayence, le 7 Décembre.

Guillet, Alexandre, Colombier (Mayenne), 1er train d'artill., tuberculose. — **Wesel,** le 4 Décembre.

Guillermet, Jean-Marie, canton Nantua (Ain), 59e ligne, pneumonie. — **Thorn,** le 8 Décembre.

Guyonvart, Ives, Pluviguer (Morbihan) 2e garde, fièvre typhoïde. — Neisse, le 5 Décembre.

Glesse, Auguste, Mongoux (Drôme), 4e ligne, dyssenterie. — Glogau, le 7 Décembre.

Gradt, Thiebault, Holovitan (Bas-Rhin), 7e hussards, fièvre. — Glogau, le 8 Décembre.

Guéron, Sylvain, 7e chass., fièvre typhoïde. — Mayence, le 6 Décembre.

Gommet, Nicolas, Quincie (Rhône), 9e chass., fièvre typhoïde. — Posen, le 3 Décembre.

Goubin, Edouard, Rouen, 6e ligne, caporal, rupture d'anévrisme. — Posen, le 4 Décembre.

Gerbock, Joseph, 61e ligne, petite vérole. — Mayence, le 5 Décembre.

St-Germain, Henri, Mesnil, canton d'Eu (Seine-Infér.), 4e cuirass., fièvre typh. — Carthausen, le 18 Novembre.

Guilbert, ? 2e ligne, fièvre typh. — Torgau, le 22 Novembre.

Gilberte, Jean-Louis, Bounefond (Haute-Loire), 55e infant., fièvre typh. — Torgau, le 23 Novembre.

Graverond, Desiré, Hambye (Manche), 2e ligne, caporal, fièvre typh. — Torgau, le 27 Novembre.

Germain, Jean-Belloni, St-Maurice (Vosges), 55e ligne, fièvre typh. — Torgau, le 26 Novembre.

Goby, Jean, Champteine (Nièvre). 3e drag., fièvre typh. — Torgau, le 27 Novembre.

Gaillot, Louis, Boves (Ardèche), 66e ligne, fièvre typh. — Torgau, le 29 Novembre.

Gonthière, Aug., Cosse, canton Jussey, arrondis. Vesoul (H.-Saône), 4e ligne, fièvre typh. — Genthin, le 2 Décembre.

Gaudrin, Emile, Andouillé (Mayenne), 54e ligne, fièvre nerveuse. — Glatz, le 29 Novembre.

Gaby, Joseph, Etroussat (Allier), 1er train d'artill., dyssenterie. — Posen, le 29 Novembre.

Gleize, Casimir, Sorgues (Vaucluse), 20e ligne, dyssenterie. — Posen, le 29 Novembre.

Gérard, Célestin, ? 51e ligne, fièvre typh. — Mayence, le 29 Novembre.

Guérin, Armand, ? 24e ligne, fièvre typh. — Mayence, le 30 Novembre.

Garrin, Louis, ? 66e ligne, blessé. — Danzig, le 28 Novembre.

Gaboriau, Charles, Paris, 96e ligne, vérole. — Neisse, le 30 Novembre.

Guinet, Jean, Valencogne, (Isère), 8e ligne, fièvre typh. — Neisse, le 1er Décembre.

Gurjard, Séraphin, 79e ligne, dyssenterie. — Minden, 19 Nov.

Grass, Joseph, 1er ligne, petite vérole. — Mayence, 22 Nov.

Gérard, François-Marie, 98e ligne, fièv. typh. — Coblence, 14 Nov.

Gomeze, Joseph, 2e ligne, dyssent. — Mayence, 21 Nov.

Guillaumot, François, Faux-la-Montagne, canton de Gentioux (Creuse), 21e ligne, fièv. typhoïde. — Carthausen, 12 Nov.

Gervais, Auguste, Saint-Vaast, canton de Quettehou, 14e infant., fièvre typh. — Carthausen, le 13 Novembre.

Galène, Pierre, Belle-Isle-en-Mer (Morbihan), 5e artill., dyssenterie. — Glogau, le 23 Novembre.

Garod, Eugène, Senlis (Loiret), 20e chasseurs à pied, petite vérole. — Neisse, le 23 Novembre.

Garde, Casimir, ? 46e infant., fièvre typh. — Erfurt, le 22 Novembre.

Guilbert, ? 2e ligne, fièvre typh. — Torgau, le 22 Novembre.

Gilbert, Jean-Louis, ? 55e ligne, fièvre typh. — Torgau, le 24 Novembre.

Gendrier, Martin, Mont (Loir-et-Cher), 30e ligne, dyssenterie. — Glogau, le 25 Novembre.

Gilles, Benoît, 1er ligne, fièvre typh. — Spandau, le 26 Novembre.

Gamelle, Albert, Dampierre (Seine-Inférieure), 1er artill., fièvre typh. — Wesel, le 23 Novembre.

Guchennaise, François-Mathurin, Breban (Morbihan), 54e ligne, fièvre typh. — Wesel, le 25 Novembre.

Gentil, Antoine, chass. à pied, fièvre typh. — Königsberg, le 23 Novembre.

Gizèque, Yves, 10e ligne, anémie. — Glatz, le 25 Novembre.

Gotager, ? fièvre typh. — Stettin, le 10 Novembre.

Guerre, Jean-François, Plougonvelin (Finistère), 1er ligne, fièvre typh. — Stettin, le 15 Novembre.

Goffard, Elie-Charles, Valdache (Vosges), 40e ligne, petite vérole. — Stettin, le 17 Novembre.

Gigon, Eugène, Colombiers (Calvados), 20e chasseurs, fièvre typhoïde. — Posen, le 24 Novembre.

Giraud, Bernhard, Clermont (Ardèche), 52e ligne, fièvre typhoïde. — Neisse, le 25 Novembre.

Gourion, François, 1er génie, fièvre typh. — Cologne, 14 Novembre.

Guérin, Joseph-Armand, 7e artill., péricardite. — Cologne, le 11 Novembre.

Gournac, Augustin, 4e artill., petite vérole. — Cologne, le 24 Novembre.

Guilleray, Achille, 11e artill., brigadier, fièvre typh. — Cologne, le 18 Novembre.

Girard, Joseph, 19e artill., anémie. — Kalk, le 9 Novembre.

Guinot, Eug., 1er artill., fièvre typh. — Torgau, le 5 Décembre.

Hôte, Joseph, 13e ligne, c. de feu à la nuque. — le 15 Novembre, Pont-à-Mousson.

Huet, Louis, 76e ligne, dyssenterie. — le 17 Novembre, Mayence.

Herbinières, François, 89e ligne, fièvre typhoïde. — le 16 Novembre, Erfurt.

Hallois, François, Briey (Loiret), franc-tireur, dyssenterie. — le 9 Novembre, Stettin.

Herroid, Louis-Marie, St-Sébastien (Loire-Inf.), 98e ligne, caporal, fièvre typhoïde. — le 17 Novembre, Glogau.

Houstric, Pierre, 77e ligne, fièvre typhoïde. — le 13 Novembre, Spandau.

Harny, Joseph, Belval (Vosges), 2e marine, dyssenterie. — le 10 Octobre, en Wurtemberg.

Hervet, Charles, Guisbras (Finistère), 2e ligne, fièvre typhoïde. — le 12 Octobre, do

Huchot, Alexandre, Lucy (Yonne), 33e ligne, sergent, do — le 15 Octobre, do

Houquet, Eugène, Azannes (Meuse), 79e ligne, caporal, fièvre typhoïde. — le 20 Octobre, en Wurtemberg.

Hamet, ben Guisses, Algérie, 1er turcos, amputé de la cuisse. — le 23 Août, en Wurtemberg.

Haïch, saïd, do 2e turcos, blessé. — le 24 Août, do

Humeau, Henry, 2e cuirassiers, anémie. — le 27 Août, do

Hammon, Mathieu, Torrehouse, 78e ligne, tétanos. — le 25 Octobre, do

Harles, Fr., Minécourt (Somme) 73e ligne, anémie. — le 24 Septembre, do

Hervieu, Arsène-Théoph., 18e infant., fièvre typh. — Cosel, le 1er Déc.

Hermann, Ignace, 15e infant., fièvre typh. — Coblence, le 22 Nov.

Husson, François, 90e ligne, fièvre typh. — Mayence, le 3 Déc.

Hélie, Alph., garde impér., fièvre typh. — Cosel, le 3 Déc.

Houguenel, Charles-Louis, Bischwiller (Bas-Rhin), 60e ligne, dyssenterie. — Wesel, le 3 Déc.

Hosselct, Olivier, Sains (Nord), 13e chass., fièvre typh. — Posen, le 4 Déc.

Hænn, Léon, ? 2e voltig. de la garde, dyssenterie. — Mayence, le 23 Novembre.

Houdebert, Alexandre, Sergien, canton Mondoublot (Loir-et-Cher), 4e cuirass., fièvre typh. — Carthausen, le 19 Novembre.

Hue, Auguste, ? 43e infant., fièvre typh. — Königsberg, le 22 Novembre.

Humbert, Etienne, 54e ligne, pneumonie. — Glatz, le 22 Novembre.

Hamann, Jean-Baptiste, Forbach (Moselle), 15e ligne, fièvre typhoïde. — Glogau, le 25 Novembre.

Hugeron, Etienne, Meaux (Seine-et-Marne), 1er marine, caporal, dyssenterie. — Glogau, le 27 Novembre.

Heleg, Joseph, Landaul (Morbihan), 13e ligne, fièvre typh. — Wesel, le 25 Nov.

Huguet, Bernard, Laval, 19e chass., fièvre typh. — Posen, le 23 Nov.

Hollville, Pierre-Jean-Baptiste-Martial, lieu de naissance et régiment inconnus, dyssenterie. — Cologne, le 18 Nov.

Hamon, Joseph-Mathurin, ? 7e artill., fièvre typh. — Kalk, le 10 Nov.

Hey, Jacques, Bouxviller (B.-Rhin), 43e ligne, catarrhe intestinal. — Posen, le 29 Nov.

Houzolot, Charles, ? 3e zouaves, hydropisie. — Mayence, le 29 Nov.

Havel, Adolphe, ? 65e ligne, fièvre typh. — Mayence, le 28 Nov.

Hamed-ben-Abdallah, ? 4e turcos, blessé. — Mayence, le 3 Déc.

Iragne, Jean, Nabirat (Dordogne), 5e ligne. — le 3 Novembre, Carthausen.

Juillé, Pierre, Maissac (Aveyron), 52e ligne. — le 25 Septembre, Hamm.
Jean, Jérôme, 3e ligne, fièvre typhoïde. — le 16 Novembre, Spandau.
Josès, 41e ligne. — le 10 Novembre, Torgau.
Jeannet, Ch.-Aug., 83e ligne. — le 7 Novembre, Torgau.
Jonvard, Louis, 23e ligne, choléra. — le 17 Novembre, Erfurt.
Julien, Auguste, 4e chasseurs, apoplexie. — le 2 Novembre, Wittenberg.
Joly, Henri-Célestin, Corrente (Pas-de-Calais), 65e ligne, dyssenterie. — le 17 Novembre, Glogau.
Joanne, Albert, (Yonne), 8e ligne, fièvre typhoïde. — le 17 Octobre, Wurtemberg.
Jeannard, Emile, Bourgoignes (Aube). 25e ligne, fracture. — le 12 Septembre, Wurtemberg.
Junot, Pierre, Gonce (Côte-d'Or), 13e ligne, petite vérole. — Wesel, le 25 Nov.
Jobin, Constant, Bief (Doubs), 1er ligne, petite vérole. — Wesel, le 25 Nov.
Jeantruc, Jean, Bloncaux (Finistère), 44e ligne, fièvre typh. — Stettin, le 26 Nov.
Joly, Jean-Bapt., 41e infant., sergent-major, dyssenterie. — Coblence, le 23 Nov.
James, Jean-Jules, 26e infant., pneumonie. — Coblence, le 29 Nov.
Joseph, Antoine, 15e infant., caporal, dyssenterie. — Coblence, le 29 Nov.
Joman, Clément, 61e ligne, petite vérole. — Mayence, le 3 Déc.
Jean, François, Genlis (Côte-d'Or), 5e chass., fièvre typh. — Thorn, le 4 Déc.
Jumeau, Léonard, St-Yrieix (H.-Vienne), 10e ligne, fièvre typh. — Wesel, le 1er Déc.
Jean, Michel, 2e ligne, fièvre typh. — Mayence, le 5 Déc.
Journeaux, Edouard, 63e ligne, petite vérole. — Mayence, le 5 Déc.
Jicaud, François, Sucé (Loire-Infér.), 75e ligne, fièvre typh. — Posen, le 6 Déc.
Jouvenot, Georges, 55e infant., fièvre typh. — Erfurt, le 3 Déc.
Jeannin, Denis, garde mobile, petite vérole. — Mayence, le 4 Déc.
Jouve, Aug.-Adrien, 32e ligne, fièvre typh. — Torgau, le 3 Déc.
Jupin, François, ? 15e chass., fièvre typh. — Spandau, le 24 Nov.
Joly, Hubert, ? garde mobile, capitaine, petite vérole. — Coblence, le 13 Nov.
Just, Charles, ? 1er génie, fièvre typh. — Coblence, le 14 Nov.
Jeune, Guillaume, 11e ligne, fièvre typh. — Erfurt, le 25 Nov.
Jesber, Eugène, 19e ligne, dyssenterie. — Mayence, le 26 Nov.
Jacquemont, Antoine, Baignocle (Rhône), 85e ligne, fièvre typh. — Wesel, le 21 Nov.
Julienne, Charles-Victor-Ernest, 2e drag., dyssent., — Kœnigsberg, le 23 Nov.
Juillotos, Auguste-Joseph, 31e ligne, dyssent. — Kalk, le 23 Nov.
Jacob, François, Champignolles (Côte-d'Or), 2e hussards, catarrhe pulmonaire. — Glogau, le 30 Novembre.
Jeannin, Louis, Lyon, 65e ligne, fièvre typh. — Neisse, le 30 Nov.
Jourdhui, Alexis, 29e chass., fièvre typh. — Mayence, le 3 Déc.

Kernoven, Jean-Joseph, 23e ligne, fièvre typhoïde. — le 8 Novembre, Torgau.
Kauffmann, Georges, (Bas-Rhin), 2e ligne, pneumonie. — le 12 Octobre, Neisse.
Kerouet, Joseph, Plounez (Côtes-du-Nord), 24e ligne, fièvre typhoïde. — le 12 Oct., en Wurtemberg.
Kandel, Joseph, Strasbourg, 3e ligne, blessé. — le 10 Septembre,   do
Kamerer, Edouard, 56e infant,   do   — Cosel, le 30 Nov.
Kieffer, Célestin, 6e ligne, dyssenterie. — Coblence, le 29 Nov.
Kespern, Jacques-Louis, 11e chass., fièvre typh. — Torgau, le 8 Déc.
Kirchenneyer, Martin, Krisbach (H.-Rhin), 15e ligne, dyssent. — Wesel, le 20 Nov.

Laurent, Pierre, 86e ligne. — le 9 Novembre, Villeneuve-St-Georges.
Ladaste, Jean, Castel-Sarrasin, 72e ligne, dyssenterie. — le 9 Novembre, Nancy.

Lenoir, Charles-Victor, Seulis (Oise), 4e ligne. — le 8 Octobre, Hamm.
Lavinier, S.-E., Paris, 20e chasseurs. — le 8 Octobre, do
Laplace, (Loire), 46e ligne. — le 16 Septembre, do
Laport, Henri, Thouars, 36e ligne. — le 16 Septembre, do
Lavery, Pierre, (Landes), 41e ligne. — le 10 Novembre, do
Lisé (du), Auguste (Deux-Sèvres), 94e ligne. — le 22 Septembre, en Wurtemberg.
Lionnet, Sébastien, (Vosges), 16e d'art., pontonnier, fièvre. — le 11 Novembre, Glogau.
Lebègue, Joseph, Paris, 8e chasseurs, fièvre typhoïde. — le 6 Novembre, Carthausen.
Lefloque, Joseph, garde mobile, dyssenterie. — le 15 Novembre, Mayence.
Leger, Jean, 62e ligne, do — le 15 Novembre, do
Lagardère, 18e chasseurs, fièvre typhoïde. — le 10 Novembre, Torgau.
Léonard, Nicolas, Dieppe, 40e ligne, fièvre typhoïde. — le 13 Novembre, Neisse.
Lerondel, Louis, 21e ligne, pet. vérole. — le 13 Novembre, Mayence.
Labunarère, Jean-Marie, 2e génie, pet. vérole. — le 10 Novembre, Erfurt.
Lecourtois, Pierre, 8e d'art., fièvre typhoïde. — le 11 Novembre, do
Lecoq, Jacques, 2e ligne, do — le 13 Novembre, do
Lemisle, Clément, Cherbourg, ouvriers d'administr., fièvre typhoïde. — le 10 Novembre, Posen.
Lacoste, Joseph-Théoph., Samoëns (H.-Savoie), 52e ligne, dyssenterie. — le 17 Nov., do
Lecomte, Jules, 88e ligne, anémie. — le 18 Novembre, Posen.
Latapil, Jean, 19e chasseurs, pet. vérole. — le 18 Novembre, Mayence.
Laffitte, Dominique, 34e ligne, fièvre typhoïde. — le 16 Novembre, Erfurt.
Loze, Casimir, 77e ligne, do — le 18 Novembre, do
Lenouard, Eug., 2e ligne, do — le 17 Novembre, Torgau.
Leully, Charles, 1er d'art., do — le 18 Novembre, do
Lacroix, Aug., 23e ligne, dyssenterie. — le 15 Novembre, Erfurt.
Laurent, Charles, Montricher (Savoie), 85e ligne, dyssenterie. — le 12 Novembre, Wesel.
Laroche, Henri, Paris, 41e ligne, do — le 15 Novembre, do
Léonard, Ferd., 65e ligne, do — le 15 Novembre, do
Lecardre, Jean, (Morbihan), 23e ligne, phthisie. — le 18 Novembre, Neisse.
Lesot, François, (P.-de-Calais), 2e ligne, serg.-fourr., dyssenterie. — le 18 Novembre, Neisse.
Lequerre, Jean, (Loire-Inf.), 10e d'art., fièvre typhoïde. — le 29 Septembre, en Wurtemberg.
Lambert, Nicolas, St-Gilles (Aisne), 21e zouaves, fièvre typhoïde. — le 1er Octobre, en Wurtemberg.
Lachassagne, Jacques, (Creuse), 3e marine, fièvre. — le 5 Octobre, do
Louis, Jean, La-Garde (Drôme), 3e marine, apoplexie. — le 7 Octobre, do
Landrecy, Auguste, Valenciennes, 18e chasseurs, fièvre typhoïde. — le 12 Octobre, do
Lassère, François, (Landes), 52e ligne, do — le 23 Octobre, do
Lemarié, Louis, (Manche), 64e ligne, do — le 30 Octobre, do
Lepape, Jean-Louis, 33e ligne, do — le 1er Novembre, do
Laurent, Eugène, (Meurthe), 48e ligne, do — le 14 Septembre, do
Leblanc, Jacques, (Tarn), 86e ligne, mutilation. — le 19 Septembre, do
Legal, J.. Boutillon (Côtes-du-Nord), 8e ligne, dyssenterie. — le 5 Octobre, do
Lavialle, 2e zouaves, coup de feu à la cuisse. — Donchéry, le 11 Sept.
Lemaréchal, Jos., Bolbec, 1er ligne, fièvre typh. — Custrin, le 2 Déc.
Lamy, Eugène, St-Laurent (Jura), dragons de la garde, caporal, dyssenterie. — Neisse, le 29 Novembre.
Lachenal, Eugène, Bassy (H.-Savoie), 3e chass., fièvre typh. — Wesel, le 28 Nov.
Laguerre, Emile, 55e infant., sergent, pneumonie. — Erfurt, le 25 Nov.
Lamelle, Franç.-Jos., 85e ligne, fièvre typh. — Erfurt, le 28 Nov.
Lombard, Jos., Cannes (Alpes-Maritimes), 22e ligne, fièvre typh. — Stettin, le 24 Nov.
Lefévre, A., Briey (Loiret), ? dyssenterie. — Stettin, le 27 Nov.
Lorrent, Eugène-Alfred, Courteron (Aube), 4e infant., caporal, dyssenterie. — Glogau, le 1er Décembre.
Lemoine, Jean-Jacques, 75e ligne, fièvre typh. — Torgau, le 30 Nov.
Lambert, 1er marine, caporal, phthisie. — Mayence, le 1er Déc.
Lauch, Thomas, 2e chass., fièvre typh. — Coblence, le 26 Nov.
Laurent, Martin, garde mobile, petite vérole. — Coblence, le 27 Nov.

Ley, Jos., 15e ligne, dyssenterie. — Coblence, le 28 Nov.

Labreugère, Pierre, aux Pelles, canton de Chalus (Haute-Vienne), 65e infant., fièvre typh. — Carthausen, le 25 Nov.

Labarbe, Pierre-Paul, Varrey, canton Ornans (Doubs), 87e infant., sergent, fièvre typh. — Carthausen, le 29 Nov.

Lebouris, Jean, 33e ligne, dyssent. — Coblence, 29 Nov.

Lacouture, André, 44e ligne, do   Minden, 22 Nov.

Lervuso, Charles, 9e ligne,   do   Mayence, 3 Déc.

Lavinal, François, 3e artill., anémie. — Mayence. 4 Déc.

Lavie, François-Marius, 15e chasseurs, fièv. typh. — Danzig, 3 Déc.

Lehérissé, Jean, la Chapelle-Urée (Manche), 65e ligne, fièv. typh. — Neisse, 2 Déc.

Lottiau, Désiré, Hellesmes, ouvrier d'artillerie, dyssent. — Glogau, 5 Déc.

Landry, Auguste, la Haye-Traversen (Mayenne), 15e ligne, pet. vérole. — Glogau, 8 Déc.

Large, Jérôme, Blaye, 99e ligne, anémie. — Glogau, 9 Déc.

Lavavasseur, Antoine, 21e ligne, pet. vérole. — Erfurt, 5 Déc.

Lair, Alexandre, train d'artill., fièv. typh. — Cosel, 6 Déc.

Lamboley, Auguste, 15e art.,   do   Mayence, 7 Déc.

Ligneyroux, Etienne, Noaillac (Corrèze), 54e ligne, fièv. typh. — Wesel, 30 Nov.

Laroche, Nicolas, Saint-Germain, 10e ligne, dyssent. — 1er Déc.

Lehmann, Jean, Salmbach (Bas-Rhin), 1er artill., dyssent. — Wesel, 3 Déc.

Laurent, François, la Chapelle (Allier),   do   fièv. typh.   do

Lapage, Pierre, Salleur (Pyrénées-Orientales), 2e garde, dyssent. — Neisse, 4 Déc.

Lazat, Pierre, Puiblen (Deux-Sèvres). 18e artillerie. fièv. typh.   do

Lebrais, Jean, 67e ligne, fièv. typh. — Mayence, 5 Déc.

Lespagnol, François, Coin-lès-Cuvry (Moselle), 1er artillerie, fièv. typh. — Glogau, 6 Déc.

Lalande, François, Bordemais (Loire-Inférieure). 6e cuirassiers, fièv. typh. — Posen, 3 Déc.

Lebénec, Hervé, Briec (Finistère), 43e ligne, fièv. typh. — Posen. 5 Déc.

Levasseur, Edouard, Montigny (Aisne), 1er artill., fièv. typh. — Posen, 5 Déc.

Lefoix, Anatole, 4e artill., pet. vérole. — Danzig, 4 Déc.

Leroux, Louis, zouaves de la garde, dyssent. — Mayence, 4 Déc.

Lagarde, Léonard, Celles (Dordogne), 10e chass., pet. vérole. — Stettin, 2 Déc.

Lecamis, Joseph, 2e ligne, fièv. typh. — Torgau, 1er Déc.

Lebas, Mathurin, 2e ligne,   do   do 5 Déc.

Lendru, Jules-Aimé, 2e ligne, sergent, fièv. typh. — Torgau, 5 Déc.

Lafournelle, Adolphe-Just, 55e ligne,   do   do

Lafon, Alfred-Joseph, 66e ligne,   do   do

Legal. Mathurin, 23e ligne,   do   Torgau, 6 Déc.

Laulaney, Pierre, 52e ligne, vérole. — Minden, le 10 Nov.

Leulé, Denis, 4e ligne, fièvre typh. — Coblence, le 12 Nov.

Legoff, Jean, 65e ligne, fièvre typh. — Coblence, le 20 Nov.

Lombardy, Nicolas, 98e ligne, dyssent. — Coblence, le 19 Nov.

Leuillart, Julien-Baptiste, 29e ligne, fièvre typh. — Torgau, le 20 Nov.

Lefebre, Jean, 54e ligne, fièvre typh. — Glatz, le 23 Nov.

Lefevre, Florimond, 65e ligne, anémie. — Glatz, le 23 Nov.

Lerebours, Edmond, 2e artill., fièvre typh. — Erfurt, le 23 Nov.

Legoff, Sylvestre, 13e chass., fièvre typh. — Torgau, le 22 Nov.

Lefère, Charles, Rouen, 7e artill., fièvre typh. — Stettin, le 15 Nov.

Lanacastaire, Paul, Mirande (Gers), 1er huss., fièvre typh. — Posen, le 21 Nov.

Lefrère, Joseph, Saint-Pierre-de-Bois (Sarthe), 45e ligne, fièvre typhoïde. — Posen, le 22 Novembre.

Léopold, Jean, Audignon (Landes), 7e lanc., fièvre typh. — Posen, le 25 Nov.

Liénard, Ernest, Saint-Martin-Rivière (Aisne), 15e ligne, fièvre typhoïde. — Glogau, le 19 Novembre.

Lepuchon, Léon, Getenville-l'Onge (Haut-Rhin), 3e ligne, fièvre typhoïde. — Neisse, le 26 Novembre.

Lafont, Augustin, 43e ligne, apoplexie. — Cologne, le 14 Nov.

Larrieu, Gabriel, 31e ligne, catarrhe intestinal. — Kalk, le 20 Nov.

Leuillart, Jean-Baptiste-Julien, Paris, 29e ligne, fièvre typh. — Torgau, le 19 Nov.

Legoff, Sylvestre, Quimper (Finistère), 18e chass., fièvre typh. — Torgau, le 22 Nov.

Lambert, Denis-Adolphe, Baume-les-Dames (Doubs), 2e artillerie, fièvre typhoïde. — Torgau, le 25 Novembre.

Lentes, Laurent, Saint-Laurent-de-Cerdans (Pyr.-Orientales), 2e ligne, fièvre typh. — Torgau, le 26 Novembre.

Longueville, Elie, Saint-Orse (Dordogne), 55e ligne, fièvre typhoïde. — Torgau, le 26 Nov.

Laporte, Jacques, Estang (Gers), 66e ligne, fièvre typh. — Torgau, le 27 Nov.

Léjard, Isidore, Sainville (Eure-et-Loire), 47e ligne, fièvre typh. — Posen, le 27 Nov.

Lichtlin, Jean-Baptiste, Colmar (Haut-Rhin), 3e dragons, fièvre typhoïde. — Posen, le 30 Nov.

Liéjois, Adolphe, 27e ligne, fièvre typh. — Mayence, le 2 Déc.

Loreu, Jean, 67e ligne, pet.-vérole. — Mayence, le 3 Déc.

Lantron, Louis, 59e ligne, pet.-vérole. — Mayence, le 3 Déc.

Lemière, César, 68e ligne, blessé. — Mayence, le 3 Déc.

Meesmacker, Jérémie, Dunkerque, 21e ligne, lieutenant, phthisie. — le 25 Octobre, Clermont-en-Argonne.

Meneques, François, 11e ligne, c. de feu aux deux bras. — le 10 Novembre, Pont-à-Mousson.

Magy, G., Epinal, 97e ligne. — le 25 Août, Hamm.

Mettie, Paul-Pierre, Tours, 97e ligne 2e b. 4e c. — le 2 Novembre, Nennkirchen.

Migout, François, Mazières, 10e d'art. 7e b., fièvre. — le 31 Octobre, Altenbourg.

Moinier, Victor, 43e ligne, typhus. — le 12 Novembre, Boulay.

Menager, Aug., 1er marine, fièvre typhoïde. — le 15 Novembre, Mayence.

Melbecker, Aug., 2e ligne, caporal, do — le 8 Novembre, Torgau.

Massy, Paul, 40e ligne, do — le 12 Novembre, Erfurt.

Maginot, François-Alfred, garde mobile, pet. vérole. — le 19 Novembre, Glogau.

Messenier, Jean, St-Pierre-le-Moutier, inflammation du ventre. — le 12 Novembre, Posen.

Movin, Maximilien, (Loiret), franc-tireur, fièvre typhoïde. — le 3 Novembre, Stettin.

Muller, Joseph, 34e ligne, do — le 14 Novembre, Erfurt.

Mourrey, Jean-Victor, 3e génie, do — le 13 Novembre, Torgau.

Martin, Jean-Victor, (Vosges), 2e chasseurs, pneumonie. — le 16 Novembre, Wesel.

Monal, Claude, 61e ligne, pet. vérole. — le 20 Novembre, Mayence.

Masset, Henri, 85e ligne, sergent, fièvre typhoïde. — le 20 Novembre, Mayence.

Malmanche, Jean, (Dordogne), 61e ligne, dyssenterie. — le 18 Novembre, Neisse.

Munsch, Emile, Wixheim (H.-Rhin), 21e ligne, fièvre. — le 28 Septembre, en Wurtemberg.

Marotte, Aug., Lorette (Ariège), 86e ligne, sapeur, pneumonie. — le 3 Octobre, do

Mouly, Jean-Félix, (Aveyron), 97e ligne, gangrène. — le 7 Octobre, do

Morel, Pierre, Villefranche, 79e ligne, fièvre typhoïde. — le 7 Octobre, do

Maurissel, Aug., Grandbois (Loire-Inf.), 2e marine, fièvre typhoïde. — le 7 Octobre, do

Martin, Jules, Nantua, 79e ligne, do — le 9 Octobre, do

Mousseux, Albéric, (Manche), 2e marine, do — le 13 Octobre, do

Mercier, Joseph, Châtelon (Aisne), 8e ligne, do — le 21 Octobre, do

Moine, Jean-Bapt., Branchon (Côte-d'Or), 72e ligne, do — le 22 Octobre, do

Mathis, Lucien, Dompierre (Vosges), 8e ligne, do — le 21 Octobre, do

Maruel, Jean, Bessols (Puy-de-Dôme), 96 ligne, do — le 23 Octobre, do

Miloud, Ben-Ahmet, Sidi-bel-Abbès, 2e turcos, do — le 9 Octobre, do

Mehent, Gustave, (Côtes-du-Nord), 52e ligne, sergent, pneumonie. — le 18 Septembre, do

Masson, Henri, St-Aignan, (Loir-et-Cher), 2e marine, fièvre typhoïde. — le 27 Octobre, do

Millet, Jacques, (Loire-Inf.), 52e ligne, do — le 1er Novemb., do

Manceau, Jean, (Loir-et-Cher), 2e marine, do — le 2 Novembre, do

Mahomed-Kissel, 1er turcos, do — le 29 Août, do

Mahomed-ben-Aïssa, 1er turcos, do — le 30 Août, do

Messi-ben-Lacon, 1er turcos, do — le 1er Sept., do

Marin, Olivier, (Seine-et-Marne), 15e ligne, pneumonie. — le 5 Septembre, en Wurtemberg.
Mahomed-ben-Djebs, 1er turcos, fracture par balle. — le 7 Septembre,   do
Mohamed-ben-Abdallah, 1er turcos,   do   — le 16 Septembre,   do
Mary, Michel, (H.-Rhin), 10e ligne, fièvre typhoïde. — le 20 Septembre,   do
Mohamed-ben-Ali, 96e ligne, sergent, fracture par balle. — le 18 Septembre,   do
Montambeau, Aug., (Mayenne), 54e ligne, pneumonie. — le 1er Octobre,   do
Morteau, Louis-Pierre, Vire, (Sarthe), 35e ligne, anémie. — le 23 Septembre,   do
Molle, Victor, Paris, 43e ligne, phthisie. — le 10 Octobre,   do
Moues, Jean, Ferrasort, 3e zouaves, blessé à la cuisse. — Donchéry, 2 Sept.
Municom, Noël, 57e ligne, blessé au bras. — Donchéry, 21 Sept.
Markan, Gérard, Moimay (Haute-Saône), 23e ligne, dyssent. — Neisse, 29 Nov.
Merle, Jean-Marie-Maurice, Viriat (Ain), 2e chass., fiev. typh. — Wesel, 28 Nov.
Maillery, Prosper, Mabions (Vosges), 7e ligne, pet. vérole. — Stettin, 27 Nov.
Mongin, Joseph, 8e artill., pet. vérole. — Mayence, 1er Déc.
Matais, André, 50e ligne, fiev. typh. — Danzig, 2 Déc.
Mayet, Pierre, 33e ligne, capor.,   do   — Coblence, 24 Nov.
Moreau, Louis, 43e ligne,   d°   do   26 Nov.
Meumin, Charles, 9e ligne,   d°   do   28 Nov.
Mercier, Pierre-François, 93e ligne, dyssent,   d°   do
Mouvalat, Pierre, 1er zouaves, Espayrac, cant. d'Entraigues (Aveyron), fièvre typh. — Carthausen, 26 Novembre.
Moussut, Alex., 13e infant., dyssenterie. — Coblence, le 29 nov.
Malassenet, Ch.-Louis, 1er artill., canonnier, dyssenterie. — Coblence, le 29 nov.
Merle, Victor, 19e infant., fièvre. — Minden, le 1er déc.
Maire, Prosper, 15e artill., fièvre typh. — Mayence, le 3 déc.
Moyer, Désiré, Cherisy (Eure-et-Loir). 25e ligne, fièvre typh. — Neisse, le 2 déc.
Martimanche, François, Hornaing (Nord), 1er train, fièvre typh. — Neisse, le 3 déc.
St-Martory, François, 7e ligne, fièvre typh. — Spandau, le 9 déc.
Marchand, Jules, Nantes, 28e ligne, pneumonie. — Wesel, le 1er déc.
Merneu, Eugène, Maizery (Meuse), 85e ligne, fièvre typh.. — Wesel, le 1er déc.
Morand, Pierre, Serlande (Dordogne), 69e ligne, fièvre typh. — Wesel, le 2 déc.
Mourot, François, Villey-sur-Frey, 85e ligne, sergent-major, dyssenterie. — Wesel, le 3 décembre.
Manem, Abel, la-Roche-Beaucourt (Dordogne), 15e ligne, dyssenterie. — Wesel, le 3 nov.
Mathé, Antoine, (Corse), 6e artill., petite vérole. — Wesel, le 4 décembre.
Miclo, Léon, Orley (H.-Rhin), 33e ligne, fièvre typh. — Wesel, le 4 déc.
Morel, Auguste-Joseph, la Chapelle-d'Armentière (Nord), 19e artill., fièvre typh. — Wesel, le 4 décembre.
Montori, Maximilien-Louis, Périgny (Loir-et-Cher), 100e ligne, pneumonie. — Thorn, le 8 décembre.
Maître, Alph. (Saône-et-Loire), 3e gardes, sergent, fièvre typh. — Neisse, le 4 déc.
Moutte, Philémon, Ollières (Var), 68e ligne, dyssenterie. — Citadelle Graudenz, le 5 déc.
Mathieu, Philipp, 5e artill., dyssenterie. — Mayence, le 5 déc.
Maurer, Jacques, Ammertzviller (H.-Rhin), 7e hussards, dyssenterie. — Glogau, le 6 déc.
Marian, Etienne, Bordeaux (Gironde), 88e ligne, phthisie. — Posen, le 30 nov.
Maitz, Nicolas, Griesheim (Bas-Rhin), 18e ligne, dyssenterie. — Posen, le 3 déc.
Maillot, Julien, St-Maurice (Morbihan), 47e ligne, fièvre typh. — Posen, le 3 déc.
Marc, Sébastien, Montbulle (Pyrénées-Orientales), 5e chasseurs, dyssenterie. — Posen, le 4 décembre.
Mercier, Charles, 23e infant., fièvre typh. — Erfurt, le 1er déc.
Mouté, 77e infant., fièvre typh. — Erfurt, le 3 déc.
Morandel, Georges, civil, fièvre typh. — Mayence, le 5 déc.
Marius, Jos., Marseille, 5e ligne, fièvre typh. — Stettin, le 29 nov.
Maire, Jean-Franç., 23e ligne, fièvre typh. — Torgau, le 2 déc.
Mouton, Joseph, 55e ligne, fièvre typh. — Torgau, le 3 déc.
Morgue, Raymond, 23e ligne, fièvre typh. — Torgau, le 3 déc.

Meternique, Alex.-Jos., 3e lanciers, fièvre typh. — Torgau, le 4 Déc.

Muraton, Antoine, 3e chass., fièvre typh. — Torgau, le 6 Déc.

Maurice, Gustave, 3e génie, fièvre typh. — Torgau, le 6 Déc.

Morel, Jean-Joseph, 80e ligne, dyssent. — Minden, le 15 Nov.

Moisnart, Célestin, 31e ligne, fièvre typh. — Minden, le 16 Nov.

Mayer, Eugène, 5e artill., fièvre typh. — Mayence, le 22 Nov.

Morancé, Joseph, 2e ligne, fièvre typh. — Coblence. le 12 Nov.

Marchand, Jean-Pierre, garde mobile, petite vérole. — Coblence, le 13 Nov.

Munier, Jean, 10e ligne, fièvre typh. — Coblence, le 13 Nov.

Mousson, Louis-Arnaud, 33e ligne, sergent, dyssent. — Coblence, le 15 Nov.

Mulat, Jean-Eug., 15e ligne, dyssent. — Coblence, le 18 Nov.

Mamet, Louis, 15e ligne, fièvre typh. — Coblence, le 20 Nov.

Millon, Paul, Availles, cant. de Vouneuil (Vienne), 31e ligne, fièvre typh. — Carthausen, le 15 Nov.

Marill, Félix, 15e chass., fièvre typh. — Kœnigsberg, le 20 Nov.

Maruel, Edmond, 68e ligne, fièvre typh. — Kœnigsberg, le 20 Nov.

Merlet, Jean, 88e ligne, dyssent. — Mayence, le 24 Nov.

Morin, Claude-Benoit, 23e ligne, fièvre typh. — Erfurt, le 23 Nov.

Mélac, Antoine, 55e ligne, fièvre typh. — Erfurt, le 23 Nov.

Millet, Marie, 4e cuirass., fièvre typh. — Torgau, le 22 Nov.

Mangin, Emile, 10e chass., fièvre typh. — Torgau, le 24 Nov.

Mutzig, Frédéric, 15e artill., fièvre typh. — Mayence, le 24 Nov.

Masson, Charles, Messey (Saône-et-Loire), 1er chass., dyssent. — Wesel, le 22 Nov.

Morel, Léon, Vaudry (Calvados), 85e ligne, pneumonie. — Wesel, le 23 Nov.

Maurzier, Charles, St-Maixent (Deux-Sèvres), lanciers de la garde, fièvre typhoïde. — Neisse, le 24 Novembre.

Martin, François, Plouniourt (Finistère), 3e grenadiers de la garde, dyssenterie. — Neisse, le 24 Novembre.

Marié, François-Emile, Beaumont (Seine-Inférieure), 1er génie, fièvre typhoïde. — Stettin, le 19 Novembre.

Marielle, Victor, Gouly-Saint-André (Pas-de-Calais), artillerie, petite vérole. — Posen, le 20 Novembre.

Maupiller, Auguste-Pierre, Aux Epesses (Vendée), 6e cuirassiers, fièvre typhoïde. — Posen, le 21 Novembre.

Marie, Gustave, St-Vaast (Calvados), 43e ligne, anémie. — Posen, le 25 Nov.

Marquis, 28e ligne, fièvre typh. — Cosel, le 27 Nov.

Moussy, Jean, 16e artill., fièvre typh. — Neisse, le 27 Nov.

Molin, Victor, Château-Thierry (Aisne), 33e ligne, anémie. — Glogau, le 29 Nov.

Ménard, Jean, 46e ligne, dyssenterie. — Cologne, le 18 Nov.

Milly, Auguste-Ambroise, 9e ligne, fièvre typh. — Cologne, le 24 Nov.

Moullaud, François, 19e ligne, anémie. — Glogau, le 18 Nov.

Martin, Jean-Pierre, 31e ligne, anémie. — Kalk, 17 Nov.

Meganot, Louis, 8e chass. à chev., dyssent. — Kalk, 23 Nov.

Martin, Jacques-Pierre, 6e ligne, do do

Maraudin, Juste, Metabief (Doubs), 23e ligne, fièv. typh. — Torgau, 25 Nov.

Martin, Henri, Saint-Orse (Dordogne), 55e ligne, do do 26 Nov.

Massaud, Jean-Bapt., 62e ligne, pneumonie. — Danzig, 2 Déc.

Mougin, Jean, 4e chass., dyssenterie. — Wittenberg, 28 Nov.

Moulin, Firmin, 5e chass., pneumonie. do 30 Nov.

Maingos, Jean, Cadrieux (Lot), 83e ligne, dyssent. — Posen, 26 Nov.

Méhu, Laurent, Marhouet (Nord), 75e ligne, fièv. typh. do 27 Nov.

Movillant, Emmanuel, Orval (Manche), 1er train artill., dyssent. — Posen, 28 Nov.

Même, Joseph, La Flèche (Sarthe), 88e ligne, fièv. typh. — Posen, 29 Nov.

Nau, Théod., ? coup de feu à la poitrine. — le 8 Novembre, Ennery.
Noirtin, Joseph-Louis, (Meurthe), 15e ligne, caporal, pet. vérole. — le 15 Novembre, Glogau.
Neff, Jean, 18e ligne, pet. vérole. — le 19 Novembre, Glatz.
Novian, Alexandre, (Drôme), blessé par balle. — le 20 Août, Wurtemberg.
Nichard, Jean, 3e ligne, pneumonie. — Mayence, le 30 Nov.
Nortier, Aug., 54e infant., fièvre typh. — Coblence, le 22 Nov.
Noir, Pierre, Aubresac (Lot), 34e infant., fièvre typh. — Glogau, le 9 Déc.
Neveu, Baptiste, 24e ligne, fièvre typhoïde. — Mayence, 24 Nov.
Nicolaï, Jean, 63e ligne, pet. vérole.   do
Navaru, Emile, Farfloir (Seine-Inf.), 99e ligne, anémie. — Glogau, 27 Nov.
Noël, Thomas, 6e ligne, fièv. typh. — Spandau, 27 Nov.
Naudiot, Jules, 69e ligne, dyssent. — Kœnigsberg, 25 Nov.
Nourry, Charles, Hirel (Ille-et-Vilaine), 5e artill., fièv. typh. — Torgau, 19 Nov.
Neble, François, Farrode (Basses-Alpes), 83e ligne, tuberculose. — Posen, 29 Nov.
Nolin, Réné, 84e ligne, dyssent. — Mayence, 2 Déc.

Ondicola, Pierre, Pé, (B.-Pyrénées), 67e ligne, fièvre typhoïde. — le 20 Novembre, Thorn.
Omnès, François, (Côtes-du-Nord), 8e ligne. — le 21 Octobre, en Wurtemberg.
Osling, Pierre, 99e ligne, musicien. — le 23 Octobre,   do
Oyer, Jean-Jules, 75e infant., petite vérole. — Coblence, le 26 Nov.
Olier. Martin, Nevers, 85e ligne, fièvre typh. — Wesel, le 1er Déc.
Ollivier, Franç., 23e ligne, fièvre typh. — Torgau, le 3 Déc.
Oden, Emile, 84e ligne, fièv. typh. — Mayence, 22 Nov.
Oudes, Jean, 21e ligne,   do   do   26 Nov.
Ollivier, Julien, 7e ligne,   do   Cologne, 12 Nov.

Pierre, Adabert, (Aveyron), 36e ligne, coup de feu aux reins. — le 15 Septembre, Clermont-en-Argonne.
Perrou, Jos.-Eug., 5e d'art., fièvre typhoïde. — le 15 Novembre, Coblence.
Pantu, François, garde mobile, tuberculose. — le 10 Novembre, Coblence.
Piron, Pierre, canton de Fougères, 14e ligne, fièvre typhoïde. — le 8 Novembre, Carthausen.
Pasquiet, Aug., Fontaine-Raoult (Loir-et-Cher), 14e ligne, fièvre typhoïde. — le 10 Novembre, Carthausen.
Papons, Jacques, 56e ligne, fièvre typhoïde. — le 6 Novembre, Torgau.
Pesserault, Victor, Chatellerault, 13e chasseurs, fièvre typhoïde. — le 19 Novembre, Glogau.
Poret, Ursin, 15e ligne, pneumonie. — le 17 Novembre, Danzig.
Ponson, Urbain, (Drôme), 18e ligne, fièvre typhoïde. — le 10 Novembre, Posen.
Portrat, Jules, (Nièvre), 47e ligne,   do   — le 11 Novembre, Posen.
Poncet, Jean-Aimé, St-Laurent (Jura), 18 ligne, fièvre typhoïde. — le 13 Novembre, Posen.
Pareger, Samson, 11e d'art., fièvre typhoïde. — le 18 Novembre, Erfurt.
Prier ou **Prieur**, Henri, 24e ligne, pet. vérole. — le 16 Novembre, Mayence.
Philipponneau, Alexis, canton de Neuville (Vienne), 59e ligne, fièvre typhoïde. — le 17 Novembre, Thorn.
Poignard, Philippe, Braye (Loiret), 1er marine, caporal, phthisie. — le 15 Novembre, Glogau.
Privot, Léon, 24e ligne, fièvre typhoïde. — le 15 Novembre, Torgau.
Paraut, François, Donjon (Allier), 85e ligne, fièvre typhoïde. — le 14 Novembre, Wesel.
Poisson, (H.-Saône), 9e chasseurs, pneumonie. — le 15 Novembre,   do
Pérot, Charles-Paul, 44e ligne, dyssenterie. — le 17 Novembre.   do
Polaert, Alfred, Cassel (Nord), 2e train des équip., fièvre typh. — le 18 Novembre,   do
Poulin, Cl., 21e de ligne, scorbut. — le 21 Novembre, Mayence.
Péché, Emile, Devienne (Vosges), 8e d'artillerie, pneumonie. — le 11 Septembre, en Wurtemberg.

Petit, Antoine, St-Ferréol (H.-Loire), 10e cuirassiers, fièvre typhoïde. — le 29 Sept., en Wurtemberg.

Planchon, François, (Ain), 79e ligne, fièvre typh. — le 3 Octobre,   do

Philippard, Des., Lisieux, 2e zouaves, fièvre typh. — le 4 Octobre,   do

Pinet, François, Cambrai, 24e ligne, fièvre typh. — le 10 Octobre,   do

Pailler, Antoine, Lardou (Gironde), 72e ligne, fièvre typh. — le 14 Octobre,   do

Piet, Jean-Bapt., Autel (H.-Saône), 33e ligne, fièvre typh. — le 15 Octobre,   do

Paul, Jean, (Lot), 3e marine, fièvre typh., — le 25 Octobre.   do

Perin, François, Pressins (Isère), 46e ligne, plusieurs blessures. — le 18 Août,   do

Pichard, Jules, Paris, 2e zouaves, plusieurs blessures. — le 12 Septembre,   do

Peruchon, Joseph, St-Girons, 48e ligne, fièvre typhoïde, — le 2 Novembre,   do

Prat, Régis., St-André, 85e ligne, fièvre typh. — Wesel, le 28 Nov.

Prunier, Louis-Pierre, Chemayé (Mayenne), 70e ligne, dyssenterie. — Stettin, le 23 Nov.

Posienneau, Jean, 3e ligne, fièvre scarlat. — Mayence, le 1er Déc.

Petit, Jean-Marie, Palinges (Saône-et-Loire), 66e infant., diarrhée. — Glogau, le 2 Déc.

Pretot, Pierre, Asay-de-Ferron (Indre), 30e ligne, fièvre typhoïde. — Glogau, 4 Déc.

Picoulet, Louis-Joseph, 15e ligne sergent-fourrier, dyssent. — Coblence, le 23 Nov.

Perseau, François, 85e ligne, phthisie. — Coblence, le 23 nov.

Perret, Simon, 15e ligne, fièvre typh. — Coblence, le 25 nov.

Praxède, François, 15e ligne, dyssent. — Coblence, le 25 nov.

Pery, Alexandre, 60e ligne, fièvre typh. — Coblence, le 27 nov.

Perigot, Antoine, 28e ligne, fièvre typh. — Coblence, le 28 nov.

Pierre, Jean-Georges, 15e ligne, musicien, fièvre typhoïde. — Coblence, le 28 nov.

Prin, Arthur-Jules, 15e ligne, fièvre. — Coblence, le 30 nov.

Pagel, 15e ligne, fièvre. — Coblence, le 30 nov.

Pay, Pierre, 59e ligne, dyssent. — Minden, le 23 nov.

Peynet, Gilbert, 59e ligne, catarrhe. — Minden, le 24 nov.

Peirouge, Louis, 58e ligne. fièvre. — Minden, le 24 nov.

Pichat, Joseph, Jenice (Savoie), 14e chass., fièvre. — Glogau, le 5 déc.

Paullier, Jean, Sixté (H.-Savoie), 1er gardes, dyssenterie. — Neisse, le 2 déc.

Partarrié, Jacques, Bardosse (Basses-Pyrénées), 30e ligne, petite vérole. — Glogau, le 9 déc.

Pineau, Israel, 15e ligne, dyssenterie. — Mayence, le 6 déc.

Picard, Baptiste, 94e ligne, fièvre typh. — Mayence, le 6 déc.

- **Prin**, Jules-Alfred, Villier-sur-Seine (Seine-et-Marne), 6e ligne, caporal, fièvre typh. — Wesel, le 2 décembre.

Provost, Athanase-Prudent, La-Fierrier-au-Poyen (Orne), 93e ligne, fièvre typhoïde. — Wesel, le 5 décembre.

Pourot, Constant, Dorée (Mayenne), 54e ligne, fièvre typh. — Neisse, le 4 déc.

Pinson, Herse, Heimeus (Finistère), 43e ligne, dyssenterie. — Glogau, le 7 déc.

Périer, Baptiste, Poujade (Corrèze), 47e ligne, fièvre typh. — Posen, le 3 déc.

Petit, Victor, Serlaz (Ardèche), 83e ligne, fièvre typh. — Posen, le 5 déc.

Ponel, Jean, Châlons-sur-Saône, 1er génie, fièvre typh. — Stettin, le 28 nov.

Peyre, Jean-Louis, 22e ligne, catarrhe intestinal. — Stettin, le 1er déc.

Pouteau, Julien-Patrice, Saint-Georges-Bathavan (Mayenne), 60e ligne, adjudant, fièvre typh. — Stettin, le 2 déc.

Pelletier, Edouard, 5e artill., fièvre typh. — Torgau, le 5 déc.

Prieu, Jean, artill. de la garde., fièv. typh. — Cosel, 23 nov.

Pieret, Joseph, ouvriers du génie, pet. vérole. — Coblence, 16 nov.

Petit, Léonor, Vauvelle-les-Quelles, canton d'Ourville (Seine-Inférieure), 94e ligne, fièv. typh. — Carthausen, 13 nov.

Perivier, Louis, Inse , canton de Montmorillon (Vienne), fièvre typhoïde. — Carthausen , 13 novembre.

Portefin, Eugène, 13e ligne, paralysie des poumons. — Neisse, 20 nov.

Piédalu, Paul, 50e ligne, fièv. typh. — Danzig, 23 nov.

Pineau, Auguste-Joseph, Parigné-l'Evêque (Sarthe), 85e ligne, dyssent. — Wesel, 21 nov.

Poumérac, Jean, Caussade (Lot-et-Garonne), 6e ligne, fièvre typh.   do

Pichard, Eugène, Gurneville (Eure-et-Loir), 7e hussards,   do   Wesel, 24 nov.

Poux, Louis, Commeaux (Puy-de-Dôme), 43e ligne, fièvre typhoïde. — Posen, 23 nov.

Pappon, Louis, Leguillon (Vendée), 54e ligne,   do   do

Pitot, Armand, 2e train d'art., fiév. typh. — Cologne, 12 nov.

Picard, Louis-François-Aimé, 71e ligne, pet. vérole. — Cologne, 18 nov.

Péchard, Alphonse, 1er train d'art., pneumonie.   do   22 nov.

Portpigne, Jean, Asson (Basses-Pyrénées), 66e ligne, fièv. typh. — Torgau, 27 nov.

Peiletier, Pierre-Antoine Isidore, 7e dragons, fièv. typh. — Wittemberg, 28 nov.

Pechmalvet, Victor, train d'artill., fièvre typh. — Cosel, le 28 nov.

Ponche, François, Monoir (Aude), 15e ligne, fièvre typh. — Posen, le 26 nov.

Perra, Louis, Grenoble, 3e ligne, fièvre typh. — Posen, le 27 nov.

Picard, Joseph, Marville, canton de Montmedy (Meuse), 90e ligne, fièvre typhoïde. — Thorn, le 3 décembre.

Prié, Hippolyte, 3e génie, tuberculose. — Mayence, le 2 déc.

Perren, Jean, 44e ligne, fièvre typh. — Dantzig, le 2 déc.

Quillé, Charles, Lille, 24e ligne, fièvre typhoïde. — le 27 Octobre, en Wurtemberg.

Quimbert, François-Marie, Crebersin (Côtes du-Nord), 98e ligne, petite vérole. — Glogau, le 2 décembre.

Quinsat, Jean, Saint-Cyr (Lot-et-Garonne), 52e ligne, fièvre typh. — Posen, le 20 nov.

Quillet, François, (Savoie), 53e ligne, caporal, catarrhe intestinal. — Posen, le 28 nov.

Reverdy, Auguste, Sassenage, 5e section d'infirmiers. — le 14 Septembre, Clermont en Argonne.

Roux, Louis, (Charente), rés. d'artillerie, 12e bataill., capitaine, phthisie. — le 3 Oct.   do

Riffé, Jean, 28e de ligne, coup de feu au genou. — le 9 Novembre, Pont-à-Mousson.

Roux, Emile, 71e de ligne. — le 16 Novembre, Danzig.

Reveillard, Michel, (Lot), 83e ligne, dyssenterie. — le 30 Novembre, Posen.

Rurgi, François-Emile, (H.-Rhin), 18e de ligne, fièvre typhoïde. — le 15 Novembre, Posen.

Remy, Théoph, Havecourt (Meurthe), 41e ligne, pneumonie — le 17 Novembre, Posen.

Ray, Claude, 77e de ligne, fièvre typh. — le 16 Novembre, Erfurt.

Rous, Jules, (Charente-Inf.), 10e dragons, fièvre typh. — le 7 Novembre, Stettin.

Remonselle, Rochefort, 36e ligne, fièvre typh. — le 20 Septembre, en Wurtemberg.

Raveaud, Jules, (Landes), 47e ligne, fièvre typh. — le 27 Sept.,   do

Rabier, Léonard, (Dordogne), 3e marine, fièvre typh. — le 27 Sept.,   do

Ray, Louis, (Ardennes), 2e marine, fièvre typh. — le 29 Sept.   do

Renaud, Simon, (Gard), 72e ligne, gangrène. — le 1er Octobre,   do

Retou, Jean, (Orne), 21e ligne, fièvre gastrique. — le 11 Oct.,   do

Roth, Aloys, (H.-Rhin), 3e marine, fièvre typh. — le 15 Oct.,   do

Rousseau, Edmond, Lille, 24e ligne, fièvre typh. — le 31 Oct.   do

Richard, Jules, (Ille et-Vil.), 12e ligne, caporal, fracture par balle. — le 26 Septembre, en Wurtemberg.

Rosgière, Guillaume, Polink, 4e marine, coup de feu à la cuisse. — Donchéry, le 5 sept.

Ricard, Alexandre-Théophile, Quendes (Marne), 7e cuirassiers, brigadier, dyssenterie. — Glogau, le 2 décembre.

Raynouard, Basile, 23e ligne, fièvre typh. — Erfurt, le 25 nov.

Rofital, Etienne, Moutermay (Ardennes), 17e artill., fièvre typh. — Glatz, le 1er déc.

Royet, Jules-Donat, 84e ligne, pneumonie. — Coblence, le 27 nov.

Roy, Claude, Urset, canton de Cérilly (Allier), 47e ligne, fièvre typhoïde. — Carthausen, le 22 novembre.

Roth, Joseph, Waldhausen (Moselle), artillerie de la garde mobile, fièvre typhoïde. — Glogau, le 2 décembre.

Rolin, Charles-Célestin, Vaudeville, canton de Haroué (Meurthe), 9e ligne, sergent-major, dyssent. — Thorn, le 8 déc.

Ridez, Achille, 15e artill., fièvre typh. — Mayence, le 6 déc.

Roumer, Jean, Witternheim (Bas-Rhin), 96e ligne, fièvre typh. — Neisse, le 5 déc.

Retz, Aug., Hersbac (Vosges), 20e chass., fièvre typh. — Posen, le 30 nov.

Rivault, Jean-Baptiste, Forges (Vienne), 75e ligne, fièvre typh. — Posen, le 6 déc.

Ribreche, Aimé, 95e ligne, vérole. — Danzig, le 4 déc.

Raynal, Auguste, 3e voltigeurs, dyssent. — Mayence, le 4 déc.

Rigault, Victor, 5e artill , fièvre typh., Torgau, 1er déc.

Roux, Pierre-Alexandre, 90e ligne, fièvre typh. — Torgau, le 3 déc.

Rouzic (Le), Jean-Michel, 23e ligne, fièvre typh. — Torgau, le 6 déc.

Ricourt, Constant-Louis, Courlevilles (Mayenne), 1er d'artillerie, fièvre typhoïde. — Glogau, le 19 novembre.

Redon, Rose, 4e dragons, brigadier, fièvre gastrique. — Minden, le 14 nov.

Roux, André, 13e ligne, fièvre typh. — Coblence, le 14 nov.

Robidel, Jean-Marie, 86e ligne, petite vérole. — Coblence, le 14 nov.

Rat, Pierre-Justin, 94e ligne, pneumonie. — Coblence, le 17 nov.

Robert, Claude, 27e ligne, petite vérole. — Coblence, le 18 nov.

Ravoire, Marie-Antoine, Veaux, canton de Rumilly (H.-Savoie), 45e ligne, fièvre typh. — Carthausen, le 11 nov.

Roux, Aimable, Marlierin (Seine-et-Marne), 64e ligne, fièvre typhoïde. — Carthausen, le 20 novembre.

Rey, Clément, Cabrespierre (Aude), 3e marine, dyssent. — Neisse, le 23 nov.

Rolle, François, 47e ligne, fièvre typh. — Mayence, le 25 nov.

Rieger, Auguste, 18e ligne, fièvre typh. — Mayence, le 26 nov.

Rousset, Régis, 66e ligne, bronchite. — Mayence, le 26 nov.

Rocrois, Julien, St-Sulpice (Somme), 85e ligne, dyssent. — Wesel, le 19 nov.

Reboullet, Joseph, Die (Drôme), 13e ligne, fièvre typh. — Neisse, le 23 nov.

Reboul, Hippolyte, Ners (Gard), 14e chass., petite vérole. — Glogau, le 25 nov.

Ronot, Felix-Martel, 2e train d'art., fièvre typh. — Cologne, le 12 nov.

Ramet, Elisée, ? fièvre typh. — Cologne, le 21 nov.

Richet, Christian, 1er génie, fièvre typh. — Cologne, le 23 nov.

Roche, Jean-Marie, 4e lanciers, fièvre typh. — Kalk, le 10 nov.

Roche, Narcisse, 41e ligne, paralysie des poumons. — Wittenberg, le 22 nov.

Roger, Emile, 20e ligne; dyssent. — Mayence, le 29 nov.

Ragonaut, Jean, garde mobile, érysipèle. — Mayence, le 28 nov.

Rohr, Sébastien, Mayenmouquer (Vosges), 64e ligne, fièvre typh. — Neisse, le 1er déc.

Rault, Mathurin, Plouguenast (Côtes-du-Nord), 3e train d'art., caporal, pneumonie. Neisse, le 30 novembre.

Rihies, François, (Allier), 3e garde, fièvre typh. — Neisse, le 1er déc.

Schwetzler, Jacob, 26e ligne, clairon, mutilation de la jambe. — le 1er Novembre, Pont-à-Mousson.

Sorel, Henri, Toulouse, 8e artillerie, 9e batt., blessé au front. — le 25 Août, Leipzig.

Saladieu, Antoine, Cette, 50e ligne, sous-officier, coup de feu à la cuisse. — le 16 Novembre, Mannheim.

Souris, Baptiste, 76e ligne, fièvre typh., — le 13 Novembre, Mayence.

Stoltz, Martin, Schleithal (B.-Rhin), 1er cuirass., fièvre typh. — le 8 Nov., Carthausen.

Serpiney, Joseph, 4e lanciers, pneumonie. — le 9 Nov., Erfurt.

Serrurier, Jean-Nicolas, 23e ligne, fièvre typh. — le 17 Nov., Torgau.

Simonet, Louis, 23e ligne,   do   — le 18 Nov., Erfurt.

Salet, François, (Loiret), franc-tireur, faiblesse (65 ans). — le 5 Nov., Stettin.

Sayton, Célestin, 76e ligne, dyssenterie. — le 16 Nov., Mayence.

Saint-Aurince, Jean, 58e ligne, fièvre typh. — le 15 Nov., Erfurt.

Souffrant, Jean-Paulin, 56e ligne. — le 16 Nov., Cosel.

Savary, Joseph, Grandchamp (Loire-Infér.), 2e lanciers, petite vérole. — le 15 Nov., Neisse.

Singenberger, Laurent, 1er artill., fièvre typh. — le 16 Nov., Wesel.

Susini, Jean-Bapt., Sartene (Corse), 28e de ligne, sergent-fourrier, fièvre typh. — le 13 Septembre, Wurtemberg.

Savatier, Jean, Broisac (Charente), 5e ligne, fièvre typh. — le 4 Octobre, Wurtemberg.
Sallat, Pierre, Varennes (Dordogne), 72e ligne, fièvre typh. — le 13 Oct., do
Serault, Sylvain, St-Mouson (Loir-et-Cher), 2e marine, fièvre typ. — le 23 Oct., do
Sonntag, François, (Moselle), 62e ligne, fièvre typh. — le 24 Oct., do
Schmitt, Joseph, Wittisheim (B.-Rhin), 80e ligne, bles. par balle. — le 30 Août, do
Sapin, Louis. (Vienne), 94e ligne, blessé par balle. — le 16 Sept., do
Sephé, Eugène, 82e ligne, fièvre typh. — Wesel, le 29 nov.
Stieffel, Henri, Mulhouse (H.-Rhin), 3e génie, pneumonie. — Stettin, le 22 nov.
Sureau, Antoine, Orignolles (Charente-Inférieure), 11e dragons, gastrite. — Stettin, le 23 novembre.
Stadler, Jos., Schelestadt (Bas-Rhin), 51e ligne, choléra. — Stettin, le 28 nov.
Sabrier, Antoine, 3e génie, dyssenterie. — Mayence, le 1er déc.
Sutter, Jacques, 3e garde, fièvre typh. — Mayence, le 1er déc.
Schott, André, Schirrhein, canton Bischwiller (Bas-Rhin), 9e ligne, tambour, pneumonie. — Thorn, le 30 nov.
Schmoll, Louis, Trohfelde (H.-Rhin), 2e hussards, faiblesse. — Glogau, le 2 déc.
Saltières, Victor-Aimé, 15e infant., fièvre typh. — Coblence, le 26 nov.
Schaffold, 15e infant., tambour, dyssenterie. — Coblence, le 29 nov.
Sens, Pierre, 12e infant., petite vérole. — Minden, le 1er déc.
Sambieuls, Edmond, Nantua (Ain), 17e artill., dyssenterie. — Neisse, le 3 déc.
Schmidt, Jean, 4e volt. de la garde, fièvre typh. — Erfurt, le 5 déc.
Sergeant, Alex., 11e infant., fièvre typhoïde. — Erfurt, le 6 déc.
Salin, Edouard, 5e artill., pneumonie. — Mayence, le 6 déc.
Sauvequain, François, Carthézy (Marne), 18e ligne, dyssenterie. — Posen, le 3 déc.
Schauffeneger, Joseph, 1er cuirass., fièvre typh. — Erfurt, le 3 déc.
Schwartz Pierre, 84e ligne, fièvre typh. — Mayence, le 4 déc.
Schweyer, Jean, Strasbourg, 51e ligne, fièvre typh. — Stettin, le 1er déc.
Schmitt, Jean-Martin, 27e ligne, fièvre typh. — Torgau, le 2 déc.
Souriau, Henri-Etienne, Lunet, canton de Savigny (Loir-et-Cher), 14e ligne, pneumonie. — Carthausen, le 14 nov.
Sauvage, Auguste, Douai (Nord), 2e infanterie de marine, sergent, fièvre typhoïde. — Carthausen, le 19 nov.
Simon, Jean, 58e ligne, fièvre typh. — Mayence, le 24 nov.
Serazin, Etienne, garde mobile, fièvre typh. — Mayence, le 24 nov.
Sangouard, Etienne, Grandis (Rhône), 22e ligne, pneumonie. — Stettin, le 18 nov.
Scheffer, Pierre-Auguste, Hérouville (Moselle), garde mobile, fièvre typhoïde. — Torgau, le 21 novembre.
Rourieux, Prosper-François, Fernay (Loir-et-Cher), 33e ligne, fièvre typhoïde. — Glogau, le 25 novembre.
Sallot, Eugène, Magny (H.-Savoie), 4e ligne, dyssent. — Glogau, le 29 nov.
Seurot, Jean, St-Vaclier (H.-Marne), 2e chasseurs, dyssenterie. — Posen, le 26 nov.
Sassère, Pierre, 2e ligne, petite vérole. — Mayence, le 30 nov.

Tisel, Alexandre, 94e ligne. — le 5 Novembre, Hamm.
Trasbeau, Sébastien, 14e ligne, fièvre typh. — le 8 Novembre, Coblence.
Tietzmann, Aug., 63e ligne, fièvre typh. — le 17 Nov., Mayence.
Trésorier, Michel, Varennes (Nièvre), garde mobile, fièvre typh. — le 9 Nov., Posen.
Thomas, Louis-A., Darney (Vosges), 3e dragons, anémie. — le 16 Nov., Posen.
Tricot, Florent, Montigny (Ardennes), 18e ligne, fièvre gastrique. — le 16 Nov., Posen.
Trivalet, César, 6e de ligne, anémie. — le 19 Nov., Glogau.
Tiercelair, Louis, Briey (Loiret), franc-tireur, dyssenterie. — le 8 Nov., Stettin.
Tessier, Pierre-Isidore, 2e ligne, fièvre typh. — le 16 Nov., Torgau.
Thomas, Pierre, 44e ligne do — le 16 Nov., do
Themin, Albert, 2e ligne, do — le 16 Nov., do

Tousé, Mathurin, (Indre), 30 ligne, dyssenterie. — le 16 Nov., Glogau.

Thomas, Paul, La Chapelle (Vendée), 79e ligne, fièvre typh. -- le 4 Octobre, en Wurtemberg.

Tricot, Camille, (Seine), garde mobile,   do   — le 8 Oct.,   do

Trenchand, Poliphème, 3e zouaves, coup de feu à la cuisse. — Donchéry, le 30 sept.

Thomas, Etienne, 72e ligne, fièvre typh. — Mayence, le 1er déc.

Tastard, Mathurin, Serran (Morbihan), 49e ligne, dyssenterie. — Neisse, le 28 nov.

Thos, Louis-Marie, St-Michel en Greve (Côtes-du-Nord), 64e ligne, sergent, fièvre typh. — Glatz, le 2 décembre.

Tyssandier, Jacques, 98e infant., fièvre typh. — Coblence, le 24 nov.

Thouret, Tranquille, Bonnebosq (Calvados), 5e artill., fièvre typh. -- Carthausen, le 21 novembre.

Tarère, Pierre, 4e marine, fièvre typh. — Carthausen, le 21 nov.

Tribou, Alfred, 29 infant., fièvre typh. — Minden, le 27 nov.

Thomas, Henri, Rochegude, 1er train d'artill, pneumonie. — Neisse, le 3 déc.

Thomasset, Félicien, Balmont (H.-Saône), 83e ligne, fièvre typh. — Posen, le 6 déc.

Thomas, Albert-Sébastien, garde impériale, caporal, fièvre typh. — Cosel, le 5 déc.

Tharel, Léonard-Edouard, 2e dragons, fièvre typh. — Torgau, le 4 déc.

Toutin, Désiré, 2e zouaves, fièvre typh. — Torgau, le 6 déc.

Touzet, Stanislas, St-Germain (Nièvre), garde mobile, fièvre typh. — Posen, le 23 nov.

Teis, Antoine, 47e ligne, anémie. — Cologne, le 14 nov.

Traflanier, François, 15e ligne, dyssenterie. -- Cologne, le 18 nov.

Trinque, Antoine, 16e chass. à pied, fièvre typh. — Kalk, le 8 nov.

Tullier, Armand, 71e ligne, dyssenterie. — Kalk, le 24 nov.

Tilly, Jean-Marie, St-Brandan, (Côtes-du-Nord), 10e chass., fièvre typh. — Torgau, le 27 nov.

Tirot, Julien, St-Gouin (Sarthe), 45e ligne, fièvre typh. — Posen, le 27 nov.

Thireau, Théodore, 15e artill., fièvre typh. — Mayence, le 29 nov.

Thierry, Claude, garde mobile, petite vérole. — Mayence, le 29 nov.

Tilly, Jean-Marie, 10e chass., fièvre typh. — Torgau, le 27 nov.

Urlacher, Jean, 63e ligne, petite vérole. — Mayence, le 30 nov.

Vatier, Georges, 23e ligne. — le 5 Novembre, Villeneuve-St-Georges.

Valentin, Jos., Bellefontaine (Vosges), 8e artillerie, hémorrhagie. — le 13 Oct., Neisse.

Verey, André, 34e ligne, dyssenterie. — le 16 Oct., Mayence.

Vuilguz, Pierre-Georges, 80e ligne, pneumonie. -- le 11 Oct., Danzig.

Verbier, Jean, La Barde (H.-Pyrénées), 12e chass., dyssenterie. -- le 13 Oct., Posen.

Vandappel, Auguste, Steinbeck (Nord), 72e de ligne, fièvre typh. — le 16 Oct., Posen.

Valoix, Jules, Paris, 7e ligne, catarrhe. — le 4 Oct., Stettin.

Veyerenc, Ernest, 6e chass., caporal, fièvre typh. — le 14 Oct., Erfurt.

Vicart, Louis, Aire (Pas-de-Calais), 68e ligne, tétanos. — le 25 Septembre, en Wurtemberg.

Vaillemot, Adolphe, (H.-Saône), 2e zouaves, amput. du pied gauche. — le 19 Août, Wurtemberg.

Viller, Ferdinand, Pont-à-Mousson, 3e zouaves, gangrène. — le 26 Août, Wurtemberg.

Venajn, Jean, 23e ligne, fièvre typh. — Torgau, le 28 nov.

Voisseron, Jean, 88e ligne, fièvre typh. — Torgau, le 30 nov.

Viard, Georges, 55e infant., fièvre typh. — Erfurt, le 4 déc.

Vieux, Jean-Bapt., Mézerville (Aude), 3e marine, fièvre nerveuse. — Posen, le 30 nov.

Vinot, Joseph, Flavigny, (Meurthe), 33e ligne, pneumonie. — Stettin, le 1er déc.

Vermuth, Marc, 23e ligne, fièvre typh. — Torgau, le 2 déc.

Vilier, Henri, 41e ligne, fièvre typh. — Torgau, le 24 nov.

Vray, Désiré, Beaurieux, canton Craonne (Aisne), 8e artill., dyssenterie. -- Thorn, le 25 nov.

Vignot, Joseph, garde mobile, petite vérole. — Mayence, le 27 nov.

Veluet, Jean-Bapt., 11e chass. à pied, phthisie. — Kalk, le 25 nov.

Vincent, Eugène-François, 2e train d'artill., fièvre typh. — Cosel, le 25 nov.

Vilier, Henri, ' 41e ligne, fièvre typh. — Torgau, le 23 nov.
Vibert, François, Aranches (Savoie), 2e ligne, fièvre typh. — Torgau, le 26 nov.
Venain, Jean, aux Plantes (Ain), 66e ligne, fièvre typh. — Torgau, le 28 nov.
Villeneuve, François, St-Mémin (Dordogne), 60e ligne, inflammation du cerveau. — Posen, le 26 novembre.
Virmon, Gilbert, Lignerolles (Allier), 45e ligne, fièvre typh. — Posen, le 27 nov.
Veroy, Jean, garde impériale, fièvre typh. — Mayence, le 28 nov.
Vibert, François, 2e ligne, fièvre typh. — Torgau, le 26 nov.

Weisgerber, Louis-Henri, Wingen (B.-Rhin), 1er ligne, fièvre typh. — le 3 Novembre, Carthausen.
Winterhalter, Charles, Altkirch (H.-Rhin), 79e ligne, do — le 3 Oct., en Wurtemberg.
Willemin, Constant, (H.-Saône), 2e zouaves, fracture par balle. — le 4 Sept., do
Wolforlær, Frédéric, 43e infant., fièvre typh. — Coblence, le 18 nov.
Wister, Bernard, 43e ligne, fièvre typh. — Spandau, le 27 nov.

Yaeck, Morand, 2e zouaves, dyssenterie. — le 15 Novembre, Mayence.

Zægel, Charles, Illkirch, canton de Strasbourg, 96e infant., fièvre typh. — Carthausen, le 16 novembre.
Zimmermann, Basile, Meissengott (Bas-Rhin), 80e ligne, caporal, fièvre typh. — Wesel, le 28 novembre.

SANS NOMS

No Matricule 4036. 1er ligne. — le 10 Novembre, Boulay.
No Matricule 1010. 11e dragons. — le 10 Nov., do

INDEX GÉOGRAPHIQUE

Lippstadt, Province de Westphalie, Prusse.
Lubeck, Ville libre, Allemagne du Nord.
Ludwigshafen, Bavière rhénane.
Ludwigsbourg, Royaume de Wurtemberg
Ludwigslust, Mecklembourg.

Magdebourg, Province de Saxe, Prusse.
Mannheim, Grand Duché de Bade.
Marbourg, Hesse Electorale, Allemagne du Nord.
Marienberg, Royaume de Saxe.
Mayence, Hesse Grand-Ducale.
Marange, Moselle.
Meiningen, duché de Saxe-Meiningen.
Minden, Province de Westphalie, Prusse.
Moabit, un des hôpitaux à Berlin.
Montoy, près Metz, Moselle.

Naumbourg sur la Saale, Prusse.
Nancy, Meurthe.
Neisse, Province de Silésie, Prusse.
Neustadt, Bavière Rhénane.
Neuwied, Prusse Rhénane.
Neunkirchen, Moselle.
Niederbronn, Bas-Rhin.
Nordhausen, Province de Saxe. Prusse.
Novéant, Meurthe.

Oberndorf, Wurtemberg.
Oberbetschdorf, Bas-Rhin.
Offenbach, près Landau, Bavière Rhénane.
Oels, Silésie, Prusse.
Oldenbourg, Duché d'Oldenbourg, Allemagne du Nord.
Oppeln, Silésie, Prusse.
Osnabrück, Allemagne du Nord.

Pange, Moselle.
Papenbourg, Allemagne du Nord, Hanovre.
Pfeddersheim, Grand-Duché de Hesse.
Pont-à-Mousson, Meurthe.
Posen, Province de Posen, Prusse.
Potsdam, Province de Brandenbourg, Prusse.

Quedlinbourg, près Magdebourg, Prusse.

Reichshoffen, Bas-Rhin.
Rendsbourg, Schleswig.

Sachsenhausen, près Francfort-sur-le Mein, Prusse.
Sarrelouis, Prusse Rhénane.

Sagan, Province de Silésie, Prusse.
Sains, Département de l'Aisne, France.
Sachsenhausen, Faubourg de Francfort-sur-Mein.
Schœnebeck, Province de Saxe, Prusse.
Schneidemuhl, Province de Posen, Prusse.
Schwetzingen, Grand-Duché de Bade.
Schweidnitz, Province de Silésie, Prusse.
Seilerbahn, près Manuheim, Grand-Duché de Bade.
Siegbourg, Province Rhénane, Prusse.
Soultz-sous-forêts, Bas-Rhin.
Sommerfeld, Brandebourg, Prusse.
Sorau, Province de Brandebourg, Prusse.
Spandau, Province de Brandenbourg, Prusse.
Speyer ou **Spire,** Bavière Rhénane.
Ste-Marie-aux-Chênes, Moselle.
Stolpe, Province de Poméranie, Prusse.
St-Hilaire, Marne.
Stuttgart, Wurtemberg.
Stettin, Province de Poméranie, Prusse.
St-Mihiel, Département de la Meuse, France.

Teterchen, Départ. de la Moselle, France.
Thorn, Prusse orientale.
Torgau, Province de Saxe, Prusse.
Trèves, Prusse Rhénane.

Ueberrach, Bas-Rhin.

Viroflay, Seine et Oise.

Walbourg, Bas-Rhin.
Wallerfangen, près Trèves, Prusse Rhénane.
Weilbach, près Nassau, Allemagne du Nord.
Weinheim, Grand-Duché de Bade.
Weimar, Allemagne du Nord.
Weissenfels, Province de Saxe, Prusse.
Wesel, Prusse Rhénane.
Wiesbaden, Allemagne du Nord.
Wissembourg, Bas-Rhin.
Wittenberg, Prusse.
Woerth, Bas-Rhin.
Worms, Bavière Rhénane.
Wrietzen a/Oder, Province de Brandebourg, Prusse.
Wurzen, Royaume de Saxe.

Zeitz, Province de Saxe, Prusse.
Zittau, Saxe Royale.

AVIS IMPORTANT

Le **Comité international de secours aux blessés** reçoit les dons en argent et en nature destinés aux blessés et aux malades des deux armées.

Adresse : M. Gustave **MOYNIER**, Président, Grand'Rue, 33, à Genève.

Le Comité international a créé à Bâle une **Agence internationale** qui sert d'intermédiaire aux donateurs de tous pays, pour la transmission des secours en *argent* et en *nature* destinés aux *blessés* et aux *malades des deux armées*.

Elle se charge aussi de la correspondance des prisonniers avec leur famille, ainsi que des envois d'argent à leur adresse.

Adresse : Rittergasse, 29, à Bâle.

Le **Comité international de secours pour les prisonniers de guerre** reçoit les secours en *argent* et en *nature* pour les *prisonniers français et allemands*.

Adresse : **Dr CHRIST-SOCIN**, Président, Kohlenberggasse, 24, à Bâle.

Les listes de blessés sont publiées au fur et à mesure qu'elles ont été dressées par l'administration prussienne. Chacune d'elles mentionne, en particulier, les décès survenus parmi les hommes portés comme blessés sur les listes antérieures.

Elles se vendent au profit de l'œuvre du Comité international de secours.

Prix : 1 fr. 50 la première; 1 fr. les suivantes. Pour la France (rendues franco), 1 fr. 75 la première; 1 fr. 20 les suivantes, contre valeur en mandats de poste.

S'adresser à M. Georg, libraire à Bâle et à Genève.

GENÈVE. — IMPRIMERIE PFEFFER ET PUKY, RUE DU MONT-BLANC.

www.ingramcontent.com/pod-product-compliance
Lightning Source LLC
Chambersburg PA
CBHW061315060726
47596CB00003B/896